Basketball: kurios

Basketball
: kurios

von

Dino Reisner

bombus

Der Autor
Dino Reisner, Jahrgang 1971, ist seit knapp einem Vierteljahrhundert Experte für Basketball: Zunächst als aktiver Spieler und Fan, später als Vereinsfunktionär und seit über zehn Jahren als Journalist unter anderem für den „kicker“ und die Deutsche Presse-Agentur (dpa). Nach einigen Biografien (Michael Ballack, Marco Sturm und Dirk Nowitzki) hat der Münchner in „Basketball: kurios“ verrückte Geschichten aus der Welt des Basketballs, aus Deutschland, Europa und den USA, zu einem launigen Lesebuch zusammengetragen. Der Autor selbst hätte gerne in der Vergangenheit gelebt: „In den sechziger, siebziger Jahren hatte München bis zu drei Bundesligisten gleichzeitig. Das muss ein Paradies gewesen sein.“

Dank an Kerry Banks, Michael Binnewies, Christoph Büker, Floyd Conner, Klaus Leppert und Eberhard Spaeth.

Bildnachweis
Seite 22 und 25: privat
Seite 85 und 89: dpa, picture-alliance

Bibliografische Information der Deutschen Bibliothek
Die Deutsche Bibliothek verzeichnet diese Publikation in der Deutschen Nationalbibliografie; detaillierte bibliografische Daten sind im Internet über http://dnb.ddb.de abrufbar

Korrektorat: Walter Henke, tippteufel.de
Cover-Gestaltung: b3k, Hamburg
Satz und Layout: Hain-Team, Weimar
Druck und Bindung: Ebner & Spiegel, Ulm

ISBN-10: 3-936261-57-1
ISBN-13: 978-3-936261-57-8

www.bombus-verlag.de

Inhalt

1 Herrlich verrückte Anfänge

Basketball gilt neben Baseball und American Football als die amerikanischste aller Sportarten. Wenn da der Schein mal nicht trügt. Erfinder des Ballspiels unter den Körben war Ende des 19. Jahrhunderts James Naismith, Lehrer an der Schule der christlichen Arbeiter in Springfield/Massachusetts. Und Naismith war Kanadier. Oder waren es vielleicht am Ende sogar die Mexikaner? Sporthistoriker führen die Ursprünge des Basketballs auf das 16. Jahrhundert zurück, als die Azteken ein ähnliches Spiel namens Ollamalitzli betrieben.

Minimalisten: 1:0 im ersten Spiel

Naismith erfand Basketball nicht als Wettkampfsport, sondern – im Auftrag der Schulleitung – zur körperlichen Ertüchtigung während der Wintermonate. Der verbotene Körperkontakt sollte das Verletzungsrisiko möglichst gering halten. Die Regeln waren damals noch weit von ihrer heutigen Form entfernt: Weil in der ersten Schulklasse, die sich am 21. Dezember 1891 im neuen Spiel übte, 18 Schüler waren, wurden diese einfach auf zwei Mannschaften aufgeteilt (erst seit 1897 wird fünf gegen fünf gespielt). Als Körbe dienten ausrangierte Pfirsichkisten, auf die mit einem Fußball geworfen wurde. Dass dieser nach jedem Treffer nur mit Hilfe einer Leiter wieder herausgeholt werden konnte (die Kisten waren unten nicht offen), spielte im ersten Spiel keine sonderlich große Rolle: Es endete 1:0. Den einzigen Korb erzielte William Chase.

Männliche Zuschauer ausgeschlossen

Die neue Sportart, die nach Vorstellung ihres Erfinders eigentlich Naismith-Ball heißen sollte, fand rasch Verbreitung im Nordosten der USA, den so genannten Neu-England-Staaten. Nur eineinhalb Jahre später übte sich am Smith-College in Northampton, einer reinen Frauen-Schule, erstmals das weibliche Geschlecht im Spiel auf den Korb. Männliche Zuschauer waren dabei nicht erlaubt. Die Universitätsleitung befürchtete, dass diese durch Frauen in kurzen Höschen und die zahlreich herumhüpfenden „Bälle“ erregt werden könnten.

Drei Punkte für einen Feldkorb

Die Einführung des Drei-Punkte-Wurfes von jenseits der 6,25-Meter-Linie anno 1984 gilt als die einschneidendste Regeländerung der Neuzeit. Im Grunde ist sie aber nur eine Rückkehr zu den Ursprüngen, denn Drei-Punkte-Treffer gab es schon viel früher: In Naismiths ursprünglichem Regelwerk zählte jeder Feldkorb drei und jeder Freiwurf zwei Punkte. 1896 wurde deren Wertung dann um jeweils einen Punkt reduziert.

Naismiths 13 Basketball-Regeln

Die Korbwertung war nicht die einzige von Naismiths Regeln, die im Laufe der Jahre abgeschafft bzw. modifiziert wurde. Im Grunde sind nur noch wenige der 13 Bestimmungen, die im Januar 1892 in der Schulzeitung „The Triangle“ veröffentlicht wurden, heute gültig. Vor allem über diese kann man heute nur noch schmunzeln: Eine Mannschaft bekam einen Punkt zugesprochen, wenn die gegnerische drei Fouls hintereinander beging. Sämtliche Freiwürfe einer Mannschaft wurden durch einen vor Spielbeginn festgelegten Spieler ausgeführt. Nach einem Korberfolg gab es nicht Ballbesitz für das Team, das den Korb kassierte, sondern das Spiel wurde durch Sprungball an der Mittellinie fortgesetzt (ohne dass dabei die Spieluhr gestoppt wurde). Sogar Unterzahl wie im Eishockey war möglich: Wenn ein Spieler zwei Fouls hintereinander beging, musste dieser bis zum nächsten Korberfolg des Gegners auf einer Art „Strafbank“ zuschauen. Und gedribbelt wurde anfangs überhaupt noch nicht: Der Ball durfte lediglich durch Passspiel fortbewegt werden. Später wurden Regelüberschreitungen beim Dribbling (Doppel-Dribbel, Schrittfehler) sogar mit Freiwürfen geahndet.

Abwehr- und Angriffsspieler

Ein Missverständnis sorgte dafür, dass in den Anfangsjahren in den Südstaaten der USA, ähnlich wie im Fußball oder Eishockey, auch zwischen Abwehr- und Angriffsspieler unterschieden wurde. 1895 schrieb Clara Baer, Dozentin am Newcomb College in New Orleans, einen Brief an Naismith mit der Bitte, dieser möge ihr doch eine Kopie des Regelwerks zusenden. Naismith tat wie geheißen und fügte dem Schreiben einen Plan des Spielfeldes zu, auf dem er die Positionen der neun Spieler skizzierte. Baer dachte fälschlicherweise, dass diese die Linien nicht überschreiten dürften …

Bretter aus der Not geboren

Die Korbanlagen sind heute überall auf der Welt die gleichen: Brett, Ring und Netz. Dem war aber nicht immer so. Die Bretter wurden sogar aus der Not geboren: Mit ihrer Hilfe sollten sich Bälle, die den Korb verfehlten, nicht störend auf andere Sportarten auswirken, die parallel zum Basketball in den Turnhallen ausgeübt wurden. Die in neueren Hallen längst üblichen Glasbretter wurden sogar schon 1909 erfunden, aber nur sieben Jahre später wieder abgeschafft, da die Regeln zwingend schwarze Linien auf weißem Grund vorschrieben.

Rasche Professionalität

Die Professionalität hielt schnell Einzug in den Basketballsport. Bei einer Demonstration der neuen Sportart im Winter 1896 in der Masonic Hall in Trenton/New Jersey erhielten die Teilnehmer ein Gehalt von 15 Dollar, was zur damaligen Zeit einem Vielfachen des heutigen Wertes entsprach. Fred Cooper, der Kapitän der Siegermannschaft, bekam als Prämie sogar einen weiteren Dollar Bonus. Bereits 1898 wurde in New England die erste Profiliga gegründet, in der die Spieler beträchtliche Monatsgehälter in Höhe von 150 bis 225 Dollar kassierten.

Verpatzte Olympia-Premiere

Die Olympia-Premiere der aufstrebenden Sportart im Rahmen der Sommerspiele 1936 in Berlin endete mit einer Panne. Der Wettbewerb wurde nicht in einer Halle ausgetragen, sondern des prognostizierten guten Wetters wegen auf einer Tennisanlage in unmittelbarer Nähe des Olympiastadions. Auf den Sandplätzen wurden Körbe installiert und neue Linien gezogen. Eine Woche lang erfreuten sich Spieler und Zuschauer des strahlenden Sonnenscheins, doch ausgerechnet zum Finalwochenende zogen heftige Gewitter auf und es goss plötzlich wie aus Kübeln. Da vergessen wurde, für einen derartigen Fall eine Ausweichhalle anzumieten, fand das Endspiel zwischen den USA und Kanada unter irregulären Bedingungen auf einem aufgeweichten Untergrund statt; Dribblings waren dabei nahezu unmöglich. Die Kanadier kamen mit den widrigen Umständen besser zurecht und gewannen mit einem 19 : 8-Sieg die Goldmedaille.

Hürden für die Hünen

Mitte der 1940er Jahre, als immer mehr Hünen Einzug in den Basketballsport hielten, wurde die Goaltending-Regel eingeführt, nach der alle geblockten Wurfversuche, bei denen der Ball den höchsten Punkt der Flugkurve schon überschritten hatte, als Korberfolg gewertet wurden. Zuvor hatte sich die Unsitte breit gemacht, dass sich die groß gewachsenen Spieler einfach unter den eigenen Korb stellten und mit ihren langen Armen die heranfliegenden Bälle einfach wegboxten. Schon einige Jahre zuvor hatte der Weltverband FIBA einen Versuch zur „Chancengleichheit" unternommen und wollte alle Spieler, die größer als 1,91 Meter waren, von der Teilnahme an den Olympischen Sommerspielen in Berlin ausschließen. Nach heftigen Protesten seitens des US-Verbandes wurde die neue Regel jedoch ebenso schnell wieder abgeschafft, wie sie gekommen war.

Afro-Amerikaner ausgeschlossen

Besonders bei Afro-Amerikanern erfreute sich die schnelle und variantenreiche Sportart rascher Popularität. Die NBA ist heute fest in ihrer Hand, mehr als zwei Drittel der Profis in der besten Liga der Welt sind dunkelhäutig. Dabei wurden ihren Vorfahren zahlreiche Knüppel zwischen die Beine geworfen. Vielerorts durften Afro-Amerikaner nicht einmal gemeinsam mit weißen Spielern auf dem Feld stehen – und das weit bis ins 20. Jahrhundert hinein. 1947 etwa musste ein College-Spiel zwischen der University of Miami und Duquesne University abgesagt werden, da die Stadtverordnung von Miami keine Partien zwischen Spielern unterschiedlicher Hautfarben duldete. Und Duquesne hatte mit Fred Cooper einen Schwarzen im Team. Die Mississippi University durfte in den späten fünfziger Jahren auf Grund staatlicher Verordnungen dreimal hintereinander nicht am Endturnier der Collegeliga NCAA teilnehmen, da bei anderen Teilnehmern Schwarze im Team standen. Und die University of North Carolina, aus der Stars wie Michael Jordan oder Vince Carter hervorgingen, vergab erst 1966 das erste Basketball-Stipendium an einen Dunkelhäutigen, und zwar an Charlie Scott. An anderen Universitäten waren afro-amerikanische Basketballer zwar zugelassen, mussten ihre Mahlzeiten jedoch in anderen Speisesälen einnehmen und bei Auswärtsspielen in anderen Hotels nächtigen als ihre weißen Teamkollegen. Selbst die NBA ließ erst ab 1950, vier Jahre nach ihrer Gründung, farbige Spieler zu.

Bescheidene Korbjäger

In seinen Ursprungsjahren war Basketball weit von den heutigen Spielergebnissen entfernt. Die Partien endeten mit Resultaten, die man gegenwärtig eher mit Handball in Verbindung bringt. Im Winter 1951/52 beispielsweise endete das Spiel zwischen der St. Michaels und Smith High School mit einem 2:0-Sieg der Gastgeber. Ein Spieler namens John Sullivan erzielte den Sieg bringenden Korb im letzten Viertel. In der Saison 1938/39 gewann Leroy Edwards (Oshkosh All-Stars) den Topscorertitel von NBA-Vorläufer NBL mit gerade einmal 11,9 Punkten im Schnitt. Den Negativ-Rekord in der NBA halten die Fort Wayne Pistons und Minneapolis Lakers (Vorläufer der Detroit Pistons bzw. Los Angeles Lakers), die sich im Dezember 1950 mit 19:18 trennten. Dieses Resultat trug auch maßgeblich zur Einführung der 24-Sekunden-Schussuhr bei, mit der das Spiel beschleunigt werden sollte.

2 Herrlich verrückte Bundesliga

Seit mittlerweile 40 Jahren jagen die besten deutschen Korbjäger in der Bundesliga dem Leder hinterher. Der Start war allerdings nicht ganz einfach: Beim Verbandstag des Deutschen Basketball Bundes (DBB) im Frühjahr 1964 im Hagener „Parkhaus" (das hieß wirklich so) stellte der damalige Sportwart Günter Hüffmann nach intensiven Diskussionen in den Fachkreisen den Dringlichkeitsantrag, eine Bundesliga zu installieren. Sechs Jahre nach Einführung der Eishockey-Bundesliga und ein Jahr nach den Fußballern sollte auch im Basketball durch eine Konzentration der besten Mannschaften – bis dahin waren die 48 ranghöchsten Klubs in den vier Oberligen Nord, West, Süd und Südwest organisiert – das Niveau verbessert werden. Der Terminplan machte Hüffmann jedoch einen Strich durch die Rechnung: Tags darauf fanden in Essen die Endspiele um die Deutsche Männer- und Frauen-Meisterschaft statt, und in der Kürze der Zeit konnten sich die Delegierten zu keiner Entscheidung durchringen. Sie vertagten sich auf den nächsten Bundestag Anfang November in Köln. Dort wurde schließlich nach hitzigen Debatten die Einführung einer zweigeteilten Bundesliga mit den Staffeln Nord und Süd zu je zehn Mannschaften zur übernächsten Saison 1966/67 beschlossen.

Die herrlich verrückten sechziger Jahre

429 Kilometer zu weit: Start ohne Ex-Meister

Als die Bundesliga am 1. Oktober 1966 den Spielbetrieb aufnahm, fehlte mit Alemannia Aachen ausgerechnet eines der Top-Teams. Der Deutsche Meister der Jahre 1963 und 1964 fürchtete auf Grund der längeren Auswärtsfahrten ein zu hohes finanzielles Risiko und zog vier Wochen vor dem Start sein Team zurück. Die Mannschaft aus dem Dreiländereck Holland, Belgien und Deutschland hätte damals zum weitesten Auswärtsspiel der Saison 429 Kilometer nach Wolfenbüttel reisen müssen. Aachen schaffte nie mehr die Rückkehr in die Bundesliga; die Alemannia löste später ihre Basketball-Abteilung auf.

Spielfeld mit fünf Ecken

Gründungsmitglied der Bundesliga war der MTSV Schwabing München. Das Gastspiel des Deutschen Meisters der Jahre 1947 und 1949 war aber nach nur einer Saison wieder beendet. Selbst ein Heimvorteil der ungewöhnlichen Art konnte den Männer-Turn- und Sportverein nicht vor dem Abstieg retten: Das Spielfeld in seiner Halle in der Ursulastraße war auf jeder Seite 5 Meter kürzer als üblich und hatte fünf statt vier Ecken. Grund: Hinter einem Korb stand eine Heizung. Die Schwabinger konnten von Glück reden, dass der Drei-Punkte-Wurf erst 17 Jahre nach ihrem Bundesliga-Abstieg eingeführt wurde. In ihrer Spielstätte wäre die Dreierlinie nahezu identisch mit der Mittellinie gewesen.

Erster Basketballer des Jahres: ein DDR-Flüchtling

Mit Gründung der Bundesliga führte der Deutsche Basketball Bund (DBB) 1966 auch die Wahl zum „Basketballer des Jahres" ein. Die Premiere gewann mit Helmut Uhlig ein Spieler, der sein Handwerk im anderen Teil des damals zweigeteilten Landes gelernt hatte. Drei Jahre zuvor war der nur 1,70 Meter große Aufbauspieler aus Halle/Saale in den Westen geflüchtet und hatte sich dem VfL Osnabrück angeschlossen, wo er mit dem 2,00 Meter großen Nationalspieler Klaus Weinand ein ungleiches Paar bildete. Uhlig kompensierte seine geringe Körpergröße durch seine Schnelligkeit und Beweglichkeit. Bis zum so genannten Leistungssportbeschluss des SED-Politbüros anno 1969 (Fördermittel für Basketball, Wasserball, Eishockey, Tennis, Alpinen Skisport und andere wurden gestrichen) erlebte die Korbjagd in der DDR eine ausgesprochene Blüte. Bei der EM 1963 in Breslau war die DDR-Auswahl als Sechstplatzierter sogar in die kontinentale Elite vorgestoßen (die „BRD" war nicht einmal qualifiziert). 1972 nahm Uhlig für die Bundesrepublik an den Olympischen Sommerspielen in München teil.

Rei – ein Waschmittel als erster Namenssponsor

Alba Berlin, Deutsche Bank Skyliners, EnBW Ludwigsburg, RheinEnergie Köln, New Yorker Phantoms Braunschweig – Sponsoren in den Vereinsnamen sind heute aus der Bundesliga nicht mehr wegzudenken, auch wenn die Namenskombinationen noch so skurril klingen. Seine Premiere erlebte das Namenssponsoring bereits 1969: Mit der gleichnamigen Waschmittelfirma wies die SC Rei Koblenz als erster Bundesligist ein Unternehmen in seinem Vereinsnamen auf. Von den heute üblichen finanziellen Zuwendungen konnte damals jedoch keine Rede sein: Es handelte sich schlicht um eine Betriebssport-Gemeinschaft.

Zugang zur Münchner Schickeria

Seit 1989 ist München nicht mehr auf der Bundesliga-Landkarte vertreten und damit Basketball-Diaspora. Das war nicht immer so: Lange Jahre war die bayerische Landeshauptstadt sogar mit drei Klubs gleichzeitig im Oberhaus vertreten: dem FC Bayern, TSV 1860 und MTSV Schwabing bzw. später dem USC. 1968, nach dem Pokalsieg des FC Bayern (im Finale wurde der MTV Wolfenbüttel 59:55 bezwungen), erhielten die Korbjäger sogar Zutritt zur Münchner „Schickeria“. FC-Bayern-Aufbauspieler Jürgen Schröder erinnert sich: „Der ‚Alte Simpl' in Schwabing war damals das Szenelokal schlechthin und das erste mit Türsteher. Wenn der einen Basketballer erblickt hat, wurde dieser an der langen Warteschlange vorbei direkt ins Lokal gewunken.“

Cheerleader und der Vietnam-Krieg

In ihren ersten Jahren war die Basketball-Bundesliga weit von ihrer heutigen Professionalität entfernt. Die Spieler gingen tagsüber einem Beruf nach oder studierten. Die amerikanischen Spieler wurden zumeist von den örtlichen Kasernen der US-Army rekrutiert. Einen solchen fand auch der MTV Gießen in William Provinse. Der Flügelspieler sorgte Ende der sechziger Jahre gleich in zweierlei Hinsicht für Furore: 1968 organisierte seine Ehefrau mit Mädchen der US-Kaserne die ersten Cheerleader-Darbietungen in der Bundesliga-Geschichte.

Im folgenden Jahr versetzte er die Vereinsverantwortlichen in einen Schockzustand: Provinse wurde in den Vietnam-Krieg einberufen. Trotz des Verzichts auf einen ausländischen Gastarbeiter gewannen die Hessen die Vizemeisterschaft. 1970 kehrte Provinse unverletzt zum MTV zurück.

Die herrlich verrückten siebziger Jahre

FC Bayern – Pech mit Amerikanern

Eine schicksalsträchtige Saison erlebte der FC Bayern München 1970/71. Der US-Amerikaner, mit dem die Münchner eigentlich die Saison in Angriff nehmen wollten, ertrank kurz vor Saisonbeginn bei einer Kajaktour in der Salzach. Sein als Ersatz verpflichteter Landsmann „Slim" Thornton musste sich im Laufe der Saison in einem Mordprozess vor dem Münchner Schwurgericht verantworten und fehlte den Bayern über weite Strecken der Saison. Thornton wurde vorgeworfen, in einer Münchner Diskothek einen Landsmann erstochen zu haben. Seine Verteidigung übernahm ein Mannschaftskamerad: Bayern-Center Klaus Schulz arbeitete nach Abschluss seines Jurastudiums als Rechtsanwalt. Der Prozess endete mit einem Freispruch, Thornton konnte in der zweiten Saisonhälfte wieder für die „Roten" auflaufen.

Fliegende Fäuste in Gießen

Unter einem gewaltigen personellen Aderlass litt in der Sommerpause 1970 der MTV Gießen. Mit Trainer Laszlo Lakfalvi, Topscorer Holger Geschwindner sowie Ekkehardt Jekeli und Jochen Decker wechselte gleich ein Quartett zum neureichen USC München, den Altersheim-Besitzer und Mäzen Georg Rückert im Zuge der bevorstehenden Olympischen Sommerspiele 1972 zu einer europäischen Spitzenmannschaft trimmen wollte. Die halbe Nationalmannschaft spielte zur damaligen Zeit an der Isar. Vor allem der Wechsel Jekelis rief bei den Gießenern Empörung hervor, hatten sich die Hessen doch nach dessen Flucht aus Rumänien intensiv um den Spieler gekümmert und mit Behördengängen und sonstiger Unterstützung die Eingewöhnung in seine neue Umgebung erleichtert. Die Atmosphäre zwischen beiden Klubs war fortan derart vergiftet, dass es am 5. Spieltag beim Münchner Gastspiel in Gießen zu unschönen Szenen kam. Die 2500 Zuschauer pfiffen die USC-Spieler während der gesamten Spielzeit gnadenlos aus, sogar Bierbüchsen flogen aufs Feld. USC-Akteur Rolf Dieter ging die angespannte Atmosphäre derart an die Nerven, dass er Gießens Kapitän Bernd Röder einen Faustschlag ins Gesicht verpasste. Dietmar Reiter, ebenfalls München, wurde nach einem Revanchefoul disqualifiziert. Zudem zog sich Karl Ampt unter Einwirkung eines Gegenspielers eine Knieverletzung zu. Der 85:81-Heimsieg des MTV wurde fast zur Nebensache.

Mihai Albu und die Ausreiseprobleme

Einen dicken Fang glaubte Klaus Nürnberger, Trainer und Manager des MTV Wolfenbüttel sowie Vater des späteren Europameisters Kai Nürnberger, am Rande der EM 1971 in der Essener Gruga-Halle mit der Verpflichtung des rumänischen Rekord-Nationalspielers Mihai Albu gemacht zu haben. Doch die im September 1971 beantragte Ausreise Albus aus Rumänien verzögerte sich durch bürokratische Hindernisse von Woche zu Woche. In der Bundesliga verpasste der MTV als Fünfter der Nordstaffel derweil die Endrunde. Erst im Frühjahr, zwei Tage vor dem ersten Pokalspiel – der Wettbewerb wurde seinerzeit erst im Anschluss an die Bundesliga-Saison ausgetragen – traf Albu in Wolfenbüttel ein. Der Einstand des 33-Jährigen verlief prächtig: Er führte die Lessingstädter auf Anhieb zum ersten Titel der Vereinsgeschichte. Im Finale in Hilden bei Düsseldorf besiegte der MTV den SSV Hagen dank des überragenden Spielmachers mit 72:65. In der Saison 1972/73 erlebte Wolfenbüttel eine Duplizität der Ereignisse: Erneut lief Albu den gesamten Winter einem Ausreisevisum hinterher und traf erst im Frühjahr, zu Beginn der Pokalrunde, in Wolfenbüttel ein. Diesmal unterlagen die Niedersachsen allerdings im Finale dem MTV Gießen 86:90. In den ersten 24 Monaten seiner Vereinszugehörigkeit bestritt Albu somit kein einziges Punktspiel. Erst im September 1973 feierte er mit zweijähriger Verzögerung sein Bundesliga-Debüt.

Army-Sergeant als Spielervermittler

Abenteuerlich verliefen in den Anfangsjahren der Bundesliga die Spielerverpflichtungen. Im Sommer 1973 etwa reiste Hagens Trainer Jörg Trapp in die Seestadt Bremerhaven, wo US-Sergeant Bob Sieben stationiert war. Sieben verdingte sich im Nebenberuf als Spieleragent und vermittelte seinen Landsmann Jimmy Wilkins in die Volmestadt. Für Trainer Trapp und den SSV war der 1,82 Meter große Allrounder aus San Diego das entscheidende Mosaiksteinchen. Im Finale besiegten die Westfalen Titelverteidiger USC Heidelberg 67:54 und 70:64 und gewannen zum ersten und bis heute einzigen Mal die Meisterschaft. Wilkins avancierte wegen seiner Sprungkraft sofort zum Publikumsliebling in der Ischeland-Halle und zum Schrecken der gegnerischen Spieler.

Die erste Trainerentlassung

Trainerentlassungen sind in der Basketball-Bundesliga wie in anderen Profisportligen längst gang und gäbe. Die Premiere ließ allerdings über sieben Jahre auf sich warten. Im Winter 1973/74 sorgte ausgerechnet Titelverteidiger USC Heidelberg für dieses Novum. In der Unistadt stolperte Meistermacher Dick Stewart über eine Spielerrevolte. „Er hat zu hartes Training gemacht“, sagte USC-Star Dietrich Keller über den Amerikaner. „Wir sind ja nicht in der Kaserne.“ Sein Nachfolger wurde der ehemalige Meisterspieler Hans Leciejewski. Wenige Wochen später machte sich der 1. FC Bamberg die Heidelberger zum Vorbild: Mannschaftsinterne Unstimmigkeiten führten bei den Oberfranken zur Trennung von Trainer Ludovit Karpil.

Im Flugzeug geschrumpft

Das Entsetzen beim MTV Gießen im August 1974 war groß: Mit US-Boy Dennis Curran glaubten die Hessen einen Centerspieler mit 2,05 Meter Körpergröße verpflichtet zu haben. So jedenfalls lauteten die Angaben des Spielervermittlers. Und Quellen zur Nachprüfung wie Videoaufzeichnungen oder Internet gab es seinerzeit noch nicht. Als Curran am Frankfurter Flughafen aus dem Flieger stieg, trauten die Vereinsverantwortlichen ihren Augen nicht: Der US-Boy war offensichtlich während des Transatlantikfluges geschrumpft. Statt 2,05 Meter war er nur 1,93 Meter groß und anstatt Center vielmehr ein Spielmacher. Trainer Klaus Jungnickel machte aus der Not der körperlich viel zu kleinen Mannschaft eine Tugend: Mit Tempospiel rannten die Hessen fortan ihre Gegner in Grund und Boden und gewannen im Finale gegen den favorisierten USC Heidelberg geradezu sensationell die Meisterschaft.

Verletzung bei Basketball-Demonstration

Die Euphorie nach dem Gewinn der Meisterschaft 1974 versuchten die Verantwortlichen des SSV Hagen zu nutzen: Im Rahmen eines Schulsportprojektes tourte Publikumsliebling Jimmy Wilkins durch die Schulen der Volmestadt und der näheren Umgebung und versuchte Kinder und Jugendliche zum Spiel mit dem orangefarbenen Ball zu animieren. Unmittelbar vor dem Pokalfinale gegen den USC Heidelberg dann die große Schrecksekunde: Wilkins verletzte sich bei einer Basketball-Demonstration schwer an der Schulter und fiel für die Endspiele aus. Die Westfalen konnten von Glück reden, für den Europapokal der Landesmeister (dort waren, anders als in der Bundesliga, zwei Ausländer pro Team erlaubt) mit Pinky Smith einen Aushilfs-Amerikaner verpflichtet zu haben. Smith sprang für seinen Landsmann Wilkins ein und führte den SSV erstmals zum Gewinn des DBB-Pokals.

Mit Notlösung zum Meistertitel

Die unerwartetste und wohl auch ungewöhnlichste seiner insgesamt fünf Meisterschaften feierte der MTV Gießen in der Saison 1974/75: Nicht nur, dass sich der neuverpflichtete US-Boy Dennis Curran als Aufbau- statt Flügelspieler entpuppte (siehe „Im Flugzeug geschrumpft"). Unmittelbar vor dem ersten Spieltag standen die Hessen auf einmal auch noch ohne Trainer da. Für den ausgeschiedenen Dietfried Kienast sollte eigentlich der ehemalige holländische Nationaltrainer Steuer das Ruder übernehmen. Der erhielt jedoch ein Angebot des französischen Erstligisten Nizza und verließ die Hessen in einer Nacht-und-Nebel-Aktion Richtung Côte d'Azur. Der als Nachfolger auserkorene Rumäne Dragos Nosievici erhielt keine Aufenthaltsgenehmigung, weil der Verein für den Trainer keinen regulären Arbeitsplatz fand (Basketball war damals weit vom Profitum entfernt). In den ersten Spielen stand aushilfsweise noch einmal Kienast an der Bande, ehe sich der ehemalige Meisterspieler Klaus Jungnickel breitschlagen ließ, den Bandenjob zu übernehmen – und der führte den MTV zur Meisterschaft.

Kämpf-Truppe in Bayreuth

Für Aufsehen sorgte 1976 Aufsteiger Post-SV Bayreuth. In der Mannschaft der Oberfranken waren gleich vier Spieler mit dem Nachnamen Kämpf zu finden. Die Brüder Thomas, Hannes und Georg, der es später zum Nationalspieler und Assistenz-Bundestrainer bringen sollte, sowie der weder verwandte noch verschwägerte Wolfram Kämpf. Damit nicht genug: Thomas und Wolfram Kämpf gingen als Vier-Finger-Spieler in die Bundesliga-Annalen ein. Beide verloren den Mittelfinger an der rechten Hand: Thomas Kämpf bereits als 17-Jähriger bei einem Arbeitsunfall. Wolfram später, als der Finger nach einer Trainingsverletzung unsachgemäß behandelt wurde und anschließend amputiert werden musste. Während sich Thomas Kämpf auf Grund seines Handicaps eine neue Wurftechnik aneignen musste, war Wolfram weniger schwer betroffen: Er war Linkshänder.

Poker um geographische Breitengrade

Ein geradezu bizarrer Streit um geographische Breitengrade entwickelte sich vor der Bundesliga-Qualifikationsrunde im Frühjahr 1978: Die drei fränkischen Klubs aus Aschaffenburg, Bamberg und Bayreuth konnten sich nicht einigen, wer gemeinsam mit dem SSC Göttingen in der Nordstaffel antreten muss. Diese schien nicht nur sportlich schwerer, sondern es drohten auch deutlich weitere und dementsprechend teurere Auswärtsreisen. Der DBB musste sogar die Vermessungsämter der drei Städte um Mithilfe bitten. Deren Angaben: Aschaffenburg liegt mit seinem geographischen Mittelpunkt dem 50. Breitengrad mit 2,8 Kilometern am nächsten und muss in der Nordgruppe starten. Bayreuth ist 6 Kilometer entfernt und Bamberg sogar 11.

Deutsch-Amerikaner gesucht

Einen anderen Weg bei der Rekrutierung neuer Spieler ging im Winter 1978/79 Terry Schofield, Trainer des SSC (später ASC 46) Göttingen. Der Kalifornier verfasste ein Rundschreiben an US-Universitäten, in dem er Basketballer mit deutschen Vorfahren suchte. Schofield hatte Erfolg: Der spätere Nationalspieler Ulrich „Bob" Peters, ein 22 Jahre alter Aufbauspieler aus Kansas, meldete sich und heuerte in Göttingen an. Auch Frank Hudson, ein in New Jersey lebender und für die Glasboro University spielender gebürtiger Berliner, teilte sein Interesse mit. Hudson hatte allerdings das Wichtigste vergessen zu erwähnen, nämlich dass auch er im Besitz der deutschen Staatsbürgerschaft ist. Der 21-Jährige blieb vorerst unberücksichtigt. Erst mit einjähriger Verspätung holte ihn Hagens Trainer Peter Krüsmann über den großen Teich.

Siegtreffer gegen Heimatverein

Für Spannung im Abstiegskampf sorgte eine Modusänderung in der Saison 1978/79. Die letzten vier nach der Vorrunde spielten fortan nicht mehr eine Qualifikationsrunde mit den besten Zweitligisten, sondern eine eigene Abstiegsrunde, in die alle bis dato erzielten Punkte übernommen wurden. Die beiden Letzten stiegen ab. Die Runde blieb bis zum letzten Spieltag spannend. Die Entscheidung über den zweiten Absteiger neben TuS Pam Aschaffenburg musste ausgerechnet im direkten Duell zwischen den oberfränkischen Nachbarn Post-SV Bayreuth und 1. FC Bamberg fallen. Das Derby war an Spannung nicht zu überbieten: Fünf Sekunden vor Schluss stand es 79:79, und Bambergs Jim Braun setzte seinen Wurf an den Ring. Bayreuth sicherte sich den Rebound und der Ball kam zu Centerspieler Manfred Voigt, einem waschechten Bamberger, der erst vor Saisonbeginn die 60 Kilometer östlich nach Bayreuth gewechselt war. In allerletzter Sekunde warf Voigt im Fallen den Ball auf den Bamberger Korb und traf trotz gegnerischen Foulspiels zum 81:79, womit er den Abstieg seines Heimatvereins nach neunjähriger Bundesliga-Zugehörigkeit besiegelte.

Ein Wutanfall mit Folgen

Noch einmal Bayreuth: Stephen McMahon, amerikanischer Trainer der Oberfranken, sorgte in der Saison 1978/79 gleich in doppelter

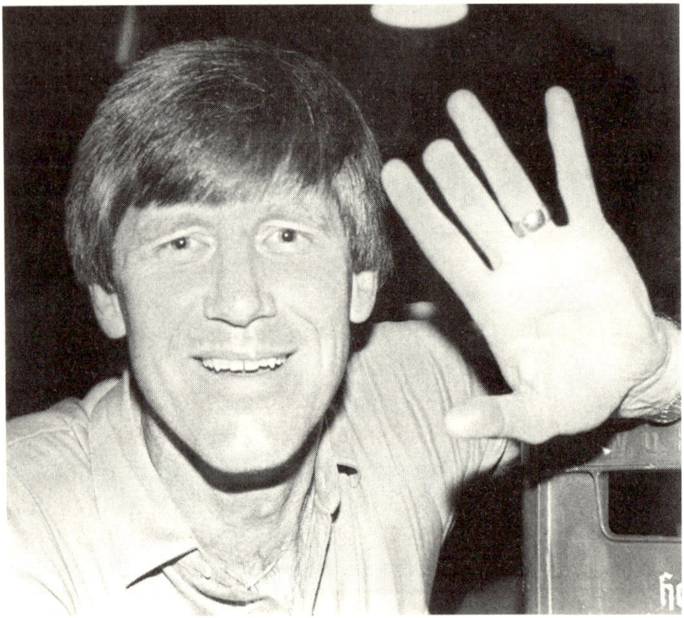

Hinsicht für Aufsehen: Zum einen streifte er im Europapokal, in dem ein zweiter Ausländer pro Team erlaubt war, selbst das Spielertrikot über. Zum anderen verlor er bei einem Wutanfall nach einer Niederlage die Kuppe seines Mittelfingers der linken Hand: Der Amerikaner hatte die Stahltür zwischen Umkleidekabine und Duschraum zugeworfen, wobei seine Hand in den Spalt geriet. Seine Spieler packten die Kuppe zwar sofort in Eis, und im Krankenhaus wurde versucht, diese wieder anzunähen – jedoch vergeblich. Thomas Kämpf, Wolfram Kämpf und McMahon: alle ohne oder mit verkürztem Mittelfinger. Es schien irgendwie ein Fluch über der Wagnerstadt zu liegen.

Die herrlich verrückten achtziger Jahre

Play-off-Start mit Hindernissen

Nach Vorbild der amerikanischen Profisportligen und ein Jahr nach der Eishockey-Bundesliga entschieden sich auch die DBB-Verantwortlichen dafür, ab der Saison 1982/83 den Deutschen Meister im Play-off-Verfahren zu ermitteln und damit im Titelkampf wieder mehr Spannung zu erzeugen – auch wenn die Play-off-Runde damals noch weit von ihrer heutigen Form entfernt war: Die Premiere sah vor, dass die besten sechs Mannschaften der Vorrunde zunächst eine Zwischenrunde ausspielten, nach deren Ende der Erste und Zweite den Titelträger in einem Finale nach dem Modus „best-of-three" ermittelten. Souverän mit zehn Punkten Vorsprung sicherte sich der BSC Saturn Köln Platz eins und damit den Heimvorteil gegen den ASC 46 Göttingen im ersten und eventuell entscheidenden dritten Spiel. So weit sollte es aber gar nicht kommen. Göttingen behielt im ersten Match ebenso knapp mit 68:67 die Oberhand wie im Rückspiel mit 64:60. Köln konnte im Finale die verletzungsbedingten Ausfälle seiner Stars Jörg Heidrich und Michael Pappert einfach nicht kompensieren. Gleich im ersten Jahr wurden damit sämtliche Vor- und Nachteile des neuen Modus offenbart, und die Branche war ob der vermeintlichen Ungerechtigkeit in Aufruhr. „Köln ist Meister der Saison, Göttingen Meister des Monats März", schimpfte Bundestrainer Chris Lee. Schwacher Trost für die Kölner: Wenige Tage später gewannen sie gegen den SSV Hagen wenigstens den DBB-Pokal.

System wenig durchdacht

Nur drei Jahre später glich sich die vermeintliche Ungerechtigkeit jedoch wieder aus. Als Siebter der Vorrunde waren die Kölner die große Enttäuschung der Saison, der SSV Hagen als Zweiter indes die positive Überraschung. Im erstmals durchgeführten Play-off-Viertelfinale trafen beide Teams aufeinander, und der BSC Saturn schaffte in der „best-of-three"-Serie gegen die mit der Favoritenrolle nervlich nicht zurecht kommenden Westfalen tatsächlich die Sensation. Damit nicht genug: Die Kölner profitierten davon, dass das Play-off-System damals keine derartigen Überraschungen vorsah und übernahmen im Halbfinale gegen die nach der Vorrunde um vier Plätze besser positionierte Mannschaft der BG Steiner-Optik Bayreuth auch noch das Hagener Heimrecht. Und dieser Vorteil sollte am Ende auch entscheiden: Die Rheinländer setzten sich im entscheidenden dritten Spiel in der heimischen ASV-Halle mit 72:70 durch. Im Finale fanden sie dann allerdings im TSV Bayer 04 Leverkusen ihren Meister.

Doppelunfall am Brett

Unliebsame Bekanntschaft mit der Robustheit von Korbanlagen machte im Frühjahr 1980 Hans de Witt, Centerspieler in Diensten des MTV Wolfenbüttel. Beim Auswärtsspiel in Leverkusen riss sich der Deutsch-Amerikaner die Fläche der rechten Hand auf, als er bei einer Abwehraktion an einem der Haken hängen blieb, an denen die Netze befestigt sind. De Witt wurde mit dem Rettungswagen ins Krankenhaus gebracht, wo die stark blutende Wunde mit acht Stichen genäht wurde. Damit nicht genug: Nur sechs Tage später, am nächsten Spieltag, knallte De Witt – sein Klub glaubte, im Niedersachsen-Derby gegen Göttingen nicht auf den 2,05-Meter-Mann verzichten zu können und schickte ihn mit einem dicken Verband aufs Feld – mit der anderen Hand an die Unterkante der Brettes und schied mit einer schweren Prellung erneut verletzt aus. Dank De Witt werden seither an den Unterkanten der Bretter zum Schutz der Athleten nach US-Vorbild dicke Gummiwülste befestigt.

Erstes Computer-Scouting

Statistiken wie Rebounds, Wurfquote oder Assists eines einzelnen Spielers sind heute aus dem Basketball nicht mehr wegzudenken. Bei TV-Übertragungen werden sogar die aktuellen Zwischenwerte eingeblendet. Dem war aber nicht immer so: Mit geradezu missionarischem Eifer suchte Leverkusens ehemaliger Meistertrainer Günter Hagedorn seit den fünfziger Jahren nach Mitteln und Wegen einer möglichst schnellen, exakten und noch dazu umfassenden Spielbeobachtung. Ende der siebziger Jahre kam ihm die Entwicklung moderner Computertechnik entgegen. Mit 70 000 Mark unterstützte der

Deutsche Sportbund (DSB) die Entwicklung eines Computer-Scouting-Systems, 50 000 Mark steuerte das Bundesinstitut für Sportwissenschaft bei, eine ähnliche Summe kam von der Bayer AG. Beim rheinischen Derby zwischen dem TuS 04 und BSC Saturn Köln im Frühjahr 1980 feierte Hagedorns Schöpfung ihre Premiere: Dabei musste sogar ein Lkw bemüht werden, um den Transport des ton-

nenschweren Bayer-Rechners und der erforderlichen Gerätschaften in die Wilhelm-Dopatka-Halle zu ermöglichen. Das Debüt hielt, was es versprach. Das Basketball-Magazin frohlockte auf Grund der technischen Innovation sogar: „Sekunden nach Spielende verriet der Computer über die Leistung des Leverkuseners Norbert Thimm: 13 Würfe auf den Korb, achtmal erfolgreich. Das ergab 16 Punkte für Leverkusen und für Thimm eine Trefferquote von 61,5 Prozent.“

Lohnende Investition

Einen außergewöhnlichen Weg bei der Spielerrekrutierung ging Otto Reintjes Anfang der achtziger Jahre. Der Leverkusener Manager hörte, dass in Pulheim nahe Köln ein junger Schlaks mit 2,20 Meter Körpergröße leben würde. Reintjes überredete ihn, es mit Basketball zu probieren. Auch das Problem, wie Gunter Behnke tagtäglich die 20 Kilometer zum Training nach Leverkusen kommen würde, war schnell gelöst: Reintjes schenkte dem 17-Jährigen ein Mofa. Die Investition zahlte sich aus: Behnke gewann mit Bayer fünfmal die Meisterschaft (1985, 1986, 1990, 1991, 1992) und viermal den DBB-Pokal (1986, 1987, 1990, 1991). 1993 wurde er mit der Nationalmannschaft Europameister.

US-Boy mit Kurzsichtigkeit

Einen dicken Fang glaubten die Verantwortlichen des Olympia USC Bayreuth für die Saison 1983/84 gemacht zu haben: Aus der amerikanischen Collegeliga holten sie Curtis Wright, einen Centerspieler, der mit seiner Körpergröße von 2,06 Metern und seinen breiten Schultern für Vorteile unter den Körben sorgen sollte. Bei seinem Einstand in der Bundesliga blieb Wright jedoch deutlich hinter den Erwartungen zurück und erzielte in seinen beiden ersten Einsätzen zusammengenommen nicht einmal zehn Punkte. Der Grund für Wrights schwache Leistungen stellte sich während des zweiten Spiels heraus: Der Amerikaner litt unter extremer Kurzsichtigkeit und konnte die Anzeigetafel nicht einmal aus 5 Metern Entfernung lesen. Im Privatleben trug er auch dementsprechend dicke Brillengläser. Bayreuth schickte den US-Boy wieder nach Hause. Allerdings konnte der als Ersatz verpflichtete Calvin Oldham den Abstieg nicht mehr verhindern.

15 Minuten für 8 Spielsekunden

Im Chaos versank das DBB-Pokal-Halbfinalspiel zwischen dem BSC Saturn Köln und dem SSV Hagen im Frühjahr 1984. Die letzten 8 Sekunden nahmen über 15 Minuten für sich in Anspruch. Was war geschehen? Die Hausherren führten 93:92, doch Hagen hatte Ballbesitz. Da bedrängte Kölns Amerikaner Bob Frank SSV-Spielmacher Armin Andres hart an der Außenlinie. Die mitgereisten Hagener Fans forderten einen Foulpfiff. Als dieser jedoch ausblieb, stürmten sie das Feld. Es entwickelte sich eine wilde Keilerei mit den Kölner Zuschauern, in die sich nacheinander auch die Akteure beider Teams einmischten. Über 10 Minuten brauchten die Schiedsrichter Geisler und Tenschert, um die Streithähne zu trennen. Pokalspielleiter Oetermann drohte mit Abbruch der Partie, während Hagens Kapitän Ulrich Diestelhorst versuchte, die Zuschauer mit Hilfe eines Megafons zu besänftigen. Als wieder halbwegs Ordnung hergestellt war, fielen keine weiteren Körbe. Köln zog ins Finale ein, musste sich dort allerdings dem ASC 46 Göttingen geschlagen geben.

Meister ohne eine Sekunde Spielzeit

Das Lächeln von Tom Norwood auf dem Leverkusener Meisterfoto von 1985 wirkte gequält. Der deutsch-amerikanische Centerspieler war im Sommer 1984 vom USC Heidelberg zum Werksverein gewechselt. Die Universitätsstädter verweigerten dem Abtrünnigen jedoch die Freigabe. Zwischen beiden Klubs entwickelte sich eine heftige Auseinandersetzung um die Ablösesumme, die sich ein komplettes Jahr hinzog. Am Ende hatte Norwood keine einzige Sekunde für Bayer gespielt und zog nach der Meisterschaft und einem für ihn persönlich verlorenen Jahr zum DTV Charlottenburg weiter.

Schiedsrichter mit Blut beschmiert

Auf recht ungewöhnliche Art und Weise beschwerte sich Bambergs Alt-Internationaler Holger Geschwindner im Winter 1984/85 für eine seiner Ansicht nach falsche Schiedsrichterentscheidung bei der 79:106-Schlappe beim DTV Charlottenburg. Nachdem sich der 38-Jährige nach einem Zusammenprall mit seinem Berliner Gegenspieler Joe Malis eine Platzwunde an der Schläfe zugezogen hatte und noch dazu ein Foul gegen ihn gepfiffen worden war, beschmierte Geschwindner Schiedsrichter Wundenberg mit Blut. Der Unparteiische reagierte konsequent, verbannte den Spieler mit einem Platzverweis vom Feld und zog seinen Spielerpass ein. Der DBB belegte Geschwindner mit einer Sperre.

Punkte da und doch wieder weg

Für den 1. FC Bamberg verlief die Saison 1984/85, die erste nach dem Wiederaufstieg, ohnehin turbulent. Beim 94:91-Sieg über Schlusslicht BG ART/TVG Düsseldorf hatte Trainer Werner Hartmann mit Bernd Kimpel einen Spieler eingesetzt, der in der Begegnung zuvor gegen Osnabrück disqualifiziert worden war und nach den Regularien gesperrt war. Obwohl die Bamberger darauf verwiesen, dass ihnen keine derartige Entscheidung zugestellt worden sein, verhängte der DBB daraufhin einen Punktabzug gegen die Oberfranken, der den Absturz auf Rang neun und damit den Abstieg bedeutet hätte. Durch eine einstweilige Verfügung am Landgericht Hagen erhielten die Bamberger die Punkte vorläufig zurück, mussten aber nach einem Urteil des Schiedsgerichts, der höchsten Instanz, ein Entscheidungsspiel um Rang acht gegen den punktgleichen USC Heidelberg bestreiten. Auf neutralem Boden in Hofheim/Taunus setzte sich der 1. FC knapp mit 80:79 durch. Heidelberg stieg ebenso ab wie Düsseldorf – Tom Norwood (siehe oben) konnte seine Schadenfreude darüber nicht verhehlen.

Der Maskenmann

Die Rivalität zwischen dem BSC Saturn Köln und TSV Bayer 04 Leverkusen prägte die achtziger Jahre. Diese ging sogar so weit, dass die Spieler ihre eigene Gesundheit aufs Spiel setzten. 1988 standen sich beide Teams in einer Neuauflage des Vorjahres-Finales gegenüber, und Bayer sann nach Revanche für die Niederlage zwölf Monate zuvor. Im ersten Spiel der „best-of-five"-Serie zog sich Leverkusens Spielmacher Christoph Körner einen Kiefer- und Jochbeinbruch zu. Trotz der schweren Verletzung ließ sich der Nationalspieler aber vom weiteren Mitwirken nicht abbringen. Zum vierten Duell kehrte Körner mit einer Gesichtsmaske aufs Feld zurück, die ihn eher wie einen Eishockey-Torwart als einen Basketballer aussehen ließ. Die Kölner Spieler ließen sich von dem Anblick nicht irritieren und holten mit 3 : 1-Siegen den Meistertitel.

Im Scheesturm stecken geblieben

Unvergessen dürfte den Spielern der BG Steiner-Optik Bayreuth die Anreise zum letzten Auswärtsspiel des Jahres 1986 beim SSV Hagen bleiben. Bei der Anreise blieb der Mannschaftsbus drei Stunden vor Spielbeginn rund 70 Kilometer vor Hagen wegen plötzlich einsetzender heftiger Schneefälle auf der Autobahn im Stau stecken. Um zu Spielbeginn wenigstens die Mindestzahl von fünf Spielern aufbieten zu können, fuhren vier Spieler per Anhalter (!) in die Ischeland-Halle. Der aus Hagen stammende Ron Knecht war zwecks Familienbesuchs einen Tag vorher angereist und wartete bereits in der Halle auf seine Kollegen. Diese verpassten die offizielle Wartefrist von 30 Minuten jedoch um wenige Sekunden. Die Begegnung wurde spiellos mit 1 : 0 für die Westfalen gewertet. Knapp 1500 Zuschauer zogen unverrichteter Dinge wieder ab.

Korb ohne Einsatz

Ein Erfolgserlebnis der besonderen Art konnte in der gleichen Saison Bayreuths Kapitän Ingo Froese verbuchen. Der Ex-Nationalspieler schmorte beim 100 : 85-Erfolg im Schlagerspiel gegen den BSC Saturn Köln 40 Minuten lang auf der Auswechselbank, stand in der Abschlussstatistik aber dennoch mit zwei Punkten zu Buche. Wie das? Kölns Centerspieler Rick Hunger hatte beim Kampf um einen Rebound den Ball versehentlich in den eigenen Korb bugsiert. Und da es im Basketball keinen Eigenkorb gibt, werden die Zähler gemeinhin dem Kapitän der gegnerischen Mannschaft gutgeschrieben.

Der Untergang des deutschen Basketballs

Wenige Wochen vor Saisonbeginn 1988/89 gab der DBB dem Druck der Vereine nach und ließ, analog zu den europäischen Vereinswettbewerben und den führenden Ligen des Kontinents in Italien, Spanien und Griechenland, einen zweiten Ausländer pro Mannschaft und Spiel zu. Die Entscheidung erfolgte erst nach kontroversen Diskussionen. Gegner befürchteten, dass dadurch die Spielzeit einheimischer Spieler reduziert und das Nationalteam geschwächt werde. Bundestrainer Svetislav Pesic bezeichnete die Entscheidung als „Schwachsinn" und prophezeite sogar den „Untergang des deutschen Basketballs". Was Pesic wohl 17 Jahre später gesagt hätte? Da hob die Bundesliga die Ausländerbeschränkungen völlig auf.

Die Koch-Truppe
Ende der siebziger Jahre machte der Bundesligist aus Bayreuth als Kämpf-Truppe von sich reden: Die Brüder Thomas, Hannes und Georg sowie der weder verwandte noch verschwägerte Wolfram Kämpf gingen damals für die Oberfranken auf Korbjagd. Ende der achtziger Jahre setzten die Bayreuther noch einen drauf: Im Meisterteam von 1989 standen mit den nicht verwandten Nationalspielern Michael und Bertram sowie den Brüdern Rolf und Reiner vier Spieler mit dem Nachnamen Koch. Als sich Rolf Koch im folgenden Jahr an ein amerikanisches College wechselte, schlossen die Verantwortlichen die Lücke gleichwertig: Als neuer Assistenztrainer wurde Stefan Koch verpflichtet, der ältere Bruder von Michael.

Familienbetrieb in Braunschweig
Diese Chance wollten sich die Steins nicht entgehen lassen. Nachdem Ex-Meister ASC 46 Göttingen seine Mannschaft wenige Wochen vor Saisonbeginn 1988/89 aus finanziellen Gründen zurückgezogen hatte, war die Bundesliga auf der Suche nach einem zwölften Teilnehmer. Als die Klubs auf den vorderen Plätzen der 2. Ligen Nord und Süd dankend ablehnten, griff zu aller Überraschung der Nord-Sechste SG FT/MTV Braunschweig zu. Während ihres zehnmonatigen Bundesliga-Intermezzos schrieben die Niedersachsen gleich in zweierlei Hinsicht Schlagzeilen: Zum einen als Familienbetrieb. Auf dem Feld sorgten Lothar Stein als Spielertrainer für Ordnung und Harald Stein als Topscorer für die Punkte (24,4 pro Spiel). Außerhalb war ihr

älterer Bruder Eckhard Stein als Manager und Assistenztrainer die treibende Kraft. Nicht zuletzt weil die Braunschweiger als einziges Team auf Verstärkung aus dem Ausland verzichteten, waren sie dem Wettbewerb nicht gewachsen: Ohne Punktgewinn verabschiedete sich die Stein-Truppe mit 0:44 Zählern wieder aus der Liga.

Herrlich verrückte Spieler

Einer der ersten Stars der Bundesliga war Sprungwunder Klaus „Polo“ Urmitzer, der in den sechziger und frühen siebziger Jahren für den USC Heidelberg und MTV Gießen spielte. Der keine zwei Meter messende Flügelspieler war auch der Erste, der während eines Bundesliga-Spiels einen Dunking schaffte. Urmitzer war aber nicht der einzige denkwürdige Spieler in der Bundesliga-Geschichte.

Die zersplitterte Glastür

Einmal, im Winter 1970/71, wurde Urmitzer sein unbändiger Drang zum Korb, bei dem er zumeist nur durch Fouls zu stoppen war, aber fast zum Verhängnis: Basketball wurde damals noch nicht wie heute in geräumigen Multifunktionsarenen gespielt, sondern in engen Schulturnhallen. Beim Gießener Auswärtsspiel bei Aufsteiger Eppelheim wurde Urmitzer bei einem Korbleger böse gefoult und stürzte in eine Glastür an der Stirnseite des Spielfeldes. Der Nationalspieler zog sich dabei Schnittwunden am gesamten Körper und im Gesicht zu und musste zur Erstversorgung ins Krankenhaus gebracht werden.

Auf gepackten Koffern

Anfang der siebziger Jahre galt der Leverkusener Rudi Kleen als das größte Talent in der Bundesliga. Bereits mit 19 Jahren war der Zwei-Meter-Mann Stammspieler in der Nationalmannschaft. So viel Begabung weckte natürlich Begehrlichkeiten, auch aus Übersee. Als erster deutscher Spieler überhaupt sollte Kleen an ein amerikanisches College wechseln, die University of Kentucky lockte ihn mit einem Basketball-Stipendium. Kleen hatte die Koffer bereits gepackt, da machte ihm der

Wehrdienst einen Strich durch die Rechnung. Die Bundeswehr pochte auf die Einberufung.

Elektrischer Schlag mit Folgen

Drei Monate lang musste im Herbst 1976 der MTV Wolfenbüttel auf seinen von Transol Rotterdam aus Holland gekommenen neuen Centerspieler Craig Casault verzichten. Grund: Beim Einrichten seiner Wohnung in der Lessingstadt war der US-Boy etwas zu sorglos zu Werke gegangen und beim Einschrauben einer Glühbirne mit der Stromleitung in Berührung gekommen. Casault erlitt einen elektrischen Schlag, wurde mit Herzrhythmusstörungen ins Krankenhaus eingeliefert und von den Ärzten ein Vierteljahr krankgeschrieben.

Das schönste Gesicht der Liga

Auch mit Casaults Ersatzmann Dennis Bell tätigten die Wolfenbütteler nicht gerade einen Glücksgriff. Trainer Mihai Albu hatte den Afro-Amerikaner ein halbes Jahr zuvor in den USA als exzellenten Spieler kennen gelernt. Was Albu jedoch nicht wusste: Bell hatte in der Zwischenzeit keinen Ball mehr angerührt und etliche Pfunde angesetzt. Mit seinem gepflegten Äußeren, seiner eleganten Kleidung und seiner lockeren Einstellung entsprach er aber ansonsten ganz dem Bild eines Sunnyboys und gehörte alsbald zu den Stammgästen aller Festivitäten in der Lessingstadt: Es gab keine Party, die Bell versäumt hätte. Bezeichnend für den Kult, den er um sein Äußeres trieb, war eine Begebenheit bei der Fahrt zum Auswärtsspiel nach Bayreuth. Auf glatter Strecke verunglückten gleich drei der vier Kleinbusse, mit denen die Mannschaft unterwegs war. Bell, der während des Unfalls auf der Rückbank geschlafen hatte, schrak hoch, blickte als Erstes in den Rückspiegel und klagte angesichts der Schramme an der Stirn, die er davongetragen hatte: „My beautiful face."

Verlängertes Gastspiel

Nur auf ein kurzes Deutschland-Engagement hatte sich John Ecker eingestellt, als er im Sommer 1971 als erster Amerikaner beim Bundesligisten TuS 04 Leverkusen anheuerte. „Basketball war für mich eine Möglichkeit, etwas von der Welt zu sehen, und dies wollte ich ausnutzen“, sagte Ecker, der sich nach einer Saison am Rhein eigentlich anderswo in Europa verdingen wollte. Doch es kam anders: Noch heute lebt er in der Chemiestadt: „Dank meiner Frau Heide bin ich hier hängen geblieben.“ Der Kalifornier heiratete die deutsche Weitsprung-Legende Heide Rosendahl, Goldmedaillengewinnerin bei Olympia 1972, spielte bis 1983 für den TuS 04, mit dem er dreimal die Meisterschaft und zweimal den DBB-Pokal gewann, erhielt den deutschen Pass und arbeitete zwischenzeitlich sogar als Assistenz-Bundestrainer. Sein Sohn Danny Ecker wurde zu einem der besten deutschen Stabhochspringer.

Schuften auf dem Bau

In den siebziger Jahren war die Bundesliga noch weit vom heutigen Profitum entfernt. Die Spieler waren zumeist Studenten oder arbeiteten, trainiert wurde erst nach Feierabend. Selbst die ausländischen Stars mussten sich einen Job suchen, damit sie finanziell über die Runden kamen (zumeist waren Sponsoren bei der Arbeitsplatzsuche behilflich). So schaffte etwa Wolfenbüttels Craig Casault als Möbelpacker, Bayreuths Buzz Harnett fuhr für ein Reinigungs-Unternehmen Teppiche aus, Calvin Oldham, ebenfalls Bayreuth, wirkte, obwohl der deutschen Sprache noch nicht mächtig, als Verkäufer in einem Sportartikelgeschäft, und Wolfenbüttels Deutsch-Amerikaner Hans de Witt schuftete sogar als Handwerker auf dem Bau. Das Leben in Deutschland genossen alle trotzdem in vollen Zügen. Wie sagte doch Hans de Witt: „Ich liebe Basketball. Und wenn ich dafür Geld bekomme, liebe ich es noch mehr.“

Eine steile Karriere

Die wohl steilste Karriere aller deutschen Basketballer legte der spätere Rekord-Nationalspieler Hansi Gnad (180 Länderspiele) hin. Erst mit 17 Jahren kam der gebürtige Hesse zum Basketball. Zuvor hatte er in der Schwimmstaffel der SG Darmstadt einige Landestitel und Jahrgangsmeisterschaften gewonnen. Ein in Basketball vernarrter

Sportlehrer lockte den Hünen jedoch aus dem Becken unter die Körbe. „Der Mann hat mich echt genervt", erinnert sich Gnad. Mit seinem Trainingsfleiß (Gnad: „Ich war es als Schwimmer eben gewohnt, hart zu trainieren, bis zu 5 Stunden am Tag, und das habe ich dann auch als Basketballer getan.") schaffte er nur ein Jahr später den Sprung in den Zweitliga-Kader des BC Darmstadt, weitere zwei Jahre später lockte ihn die University of Alaska in Anchorage mit einem Sportstipendium über den großen Teich. 1986, nur fünfeinhalb Jahre, nachdem er erstmals einen Basketball in der Hand gehabt hatte, debütierte er in der Nationalmannschaft.

Kurzes USA-Gastspiel

Neben seinen langen, wehenden Haaren, den bunten Stirnbändern sowie seinen spektakulären Dunkings war auch die Vereinstreue eines der Markenzeichen von Henning Harnisch, der in seiner Karriere lediglich für den MTV Gießen, TSV Bayer 04 Leverkusen und Alba Berlin spielte, wo er später auch den Posten des Teammanagers übernahm. Ein Engagement des gebürtigen Marburgers war allerdings nur von kurzer Dauer: 1988 warf er an der University of Seattle, wo er eigentlich vier Jahre zu spielen und studieren gedachte, von Heimweh geplagt nach nur neun Tagen hin und kehrte ernüchtert nach Deutschland zurück.

Spieler als Hausmeister

Kleinster Standort der Bundesliga-Geschichte war Oberelchingen. 1994 schafften die Korbjäger des SV Tally, die ihre Heimspiele in der Brühlhalle im Nachbarort Unterelchigen austrugen, den Sprung ins Oberhaus, wo sie sich mit Platz sieben gleich gut einführten und sich fünf Jahre lang hielten. Gerade einmal 3024 Einwohner zählte das Dorf vor den Toren Ulms. Da Sponsoren selbstredend rar gesät waren und sich das Zuschauerinteresse in Grenzen hielt, musste sich Manager Jürgen Bartusel auf die Suche nach anderen Finanzierungsmöglichkeiten des Bundesliga-Spielbetriebes machen. Den ehemaligen polnischen Nationalcenter Christof Fikiel etwa stellte die Gemeinde als Hausmeister der Brühlhalle an. So ergab sich das groteske Bild, dass der 2,07-Meter-Hüne vor den Heimspielen mit dem Aufbau der Tribünen und danach mit der Reinigung der Halle beschäftigt war. Während der Spiele nahm ihm seine Frau die anfallenden Hausmeistertätigkeiten ab.

Zwei Monate ohne Gehalt

Einen ungewöhnlichen Vertrag unterschrieb Rekord-Nationalspieler Hansi Gnad im Herbst 2001 bei Brandt Hagen, wo er in der Saison 1994/95 schon einmal gespielt hatte. Der 2,08-Meter-Center verzichtete zunächst zwei Monate auf Gehalt, erhielt dafür aber im Gegenzug die Zusage, sofort zu einem anderen Verein wechseln zu dürfen, wenn er ein lukratives Angebot erhält. Dies war jedoch nicht der Fall: Gnad spielte – ab Dezember wieder regulär bezahlt – die Saison in Hagen zu Ende. Eine ähnliche Vereinbarung unterschrieb im Laufe der Saison auch Italien-Rückkehrer Denis Wucherer: Weil er in der Sommerpause verletzungsbedingt keinen neuen Arbeitgeber gefunden hatte, spielte er sich bei den Franken mit guten Leistungen zum Nulltarif wieder ins Blickfeld der zahlungskräftigeren Klubs. Kurz vor Transferschluss sicherten sich die Opel Skyliners Frankfurt seine Dienste.

Das verschwundene Fax

Nur noch ungern erinnert man sich in Tübingen an das Gastspiel von Roman Horvat, den die Wired Minds am 28. Februar 2002 wenige Stunden vor Transferschluss unter Vertrag nahmen. Nicht etwa, dass der slowenische Flügelspieler die sportlichen Erwartungen nicht erfüllt hätte. Vielmehr traf das Telefax mit der Beantragung des Spielerpasses nicht in der BBL-Zentrale in Köln ein. Vor dem Landgericht Köln erwirkte Tübingen per einstweiliger Verfügung den Einsatz des Spielers. Die BBL legte jedoch Widerspruch ein und bekam Recht: Der mit Horvat erzielte 83:72-Sieg beim Mitteldeutschen BC wurde am „grünen Tisch“ in eine Niederlage umgewandelt – Punkte, die den Wired Minds im Endklassement fehlten und den Klassenverbleib kosteten.

Titel mit Verspätung

18 Jahre lang spielte Derrick Taylor als Profi in den USA, Deutschland, Belgien, Frankreich, Italien sowie auf den Philippinen, und war irgendwie immer zum falschen Zeitpunkt am falschen Ort: Einen Titel gewann er nirgendwo. Mit diesem Makel beendete der Spielmacher im Sommer 2004 seine aktive Karriere beim GHP Bamberg und schlug die Trainerlaufbahn ein. Unverhofft bot sich dem Deutsch-Amerikaner neun Monate später doch noch die Chance auf den großen Coup: Bambergs Trainer Dirk Bauermann überredete den mittlerweile 41-Jährigen zu einem Comeback, nachdem sich GHP-Topscorer Hurl Beechum einen Kreuzbandriss zugezogen hatte. In der Play-off-Finalserie gegen die Opel Skyliners Frankfurt war es dann ausgerechnet Taylor, der im entscheidenden fünften Spiel die Sieg bringenden Punkte für Bamberg markierte.

Herrlich verrückte Trainer

Erster Meistertrainer der Bundesliga war Laszlo Lakfalvi vom MTV Gießen. 1956 war der Ungar nach politischen Unruhen in seiner Heimat nach Deutschland geflüchtet und lehrte als Dozent der Sportwissenschaft an der TH Darmstadt. 1966 übernahm Lakfalvi das Traineramt bei den Mittelhessen und pendelte fortan mehrmals wöchentlich die 95 Kilometer zwischen Darmstadt und Gießen. Mit der Doppelbelastung Beruf und Bundesliga war der damals 35-Jährige aber scheinbar noch nicht ausgelastet und ließ sich dazu überreden, zusätzlich das Traineramt der unterklassigen Darmstädter Frauenmannschaft zu übernehmen. Zwei Trainingseinheiten am Abend waren für ihn eher die Regel als Ausnahme. Heute kann Lakfalvi über sich selbst nur schmunzeln: „Ich muss damals verrückt gewesen sein." Da war er aber nicht der Einzige …

20 Rollen Klopapier im Gepäck

Mit jeweils drei Meistertiteln (1980, 1983, 1984) und Pokalsiegen (1984, 1985, 1992) mit dem ASC 46 Göttingen bzw. TTL Bamberg ist Terry

Schofield einer der ganz Großen der Trainer-Zunft. Seit über 30 Jahren lebt der gebürtige Kalifornier inzwischen in Deutschland und arbeitet seit seinem Ausstieg aus der Basketball-Szene anno 1995 als Lektor am Englischen Seminar der Georg-August-Universität Göttingen. Von 1980 bis 1982 war er zudem als Bundestrainer tätig. Dabei hatte sich Schofield bei seinem ersten Deutschland-Engagement 1974 nur auf eine kurze Stippvisite eingestellt. Im seinen Koffern führte er damals 20 Rollen Klopapier mit sich. Hintergrund: „In den USA wurde mir damals gesagt, dass es das in Deutschland nicht geben würde."

Job im Bayer-Werk

Im zweiten Anlauf klappte es 1977 doch noch mit dem Bundesliga-Engagement von Dragos Nosievici. Nachdem der rumänische Trainer drei Jahre zuvor in Gießen keinen regulären Arbeitsplatz gefunden und dementsprechend keine Aufenthaltsgenehmigung erhalten hatte (Basketball war damals weit vom Profitum entfernt), löste er bei TuS 04 Leverkusen Meistertrainer Bernd Röder ab, der sich fortan auf sein Engagement als Bundestrainer konzentrierte. Leverkusen löste das Problem mit der Aufenthaltsgenehmigung auf dem kurzen Dienstweg: Nosievici wurde einfach beim Hauptsponsor, dem Bayer-Werk, angestellt. Fünf Monate später war er allerdings wegen Erfolglosigkeit beide Jobs los.

Zu viel Kritik, zu wenig Härte

Einer der ungewöhnlichsten Trainerwechsel ereignete sich in der Saison 1977/78 beim 1. FC Bamberg. Mit großem Enthusiasmus und hohen Zielen trat zu Saisonbeginn der Deutsch-Tscheche und ehemalige Meisterspieler des USC Heidelberg, Hilar Gese, seinen Posten bei den Oberfranken an. Nach nicht einmal einem halben Jahr gab er allerdings wieder auf: Gese war über die Kritik an seiner Arbeit aus dem Umfeld des Vereins enttäuscht und vermisste die Rückendeckung der Vereinsverantwortlichen. Für ihn sprangen die Routiniers Duci Simonovic und Holger Geschwindner als Spielertrainer ein. Für Gese sollte es das erste und einzige Bundesliga-Engagement gewesen sein; fortan arbeitete er nur noch als Jugendtrainer.

Anonyme Anrufer

Nicht gerade alltäglich war auch der Grund für den Rücktritt von John van Crombruggen als Trainer von Metabox Braunschweig. Nach nur zwei Spieltagen der Saison 2000/01 teilte der Belgier der Vereinsführung seinen überraschenden Entschluss mit. Van Crombruggen fühlte sich am Telefon durch anonyme Anrufer belästigt. „Es waren auch antisemitische Äußerungen dabei", so der Basketball-Lehrer, der knapp zwei Jahre bei dem Klub tätig war. Einen der Anrufer wollte er an der Stimme erkannt haben und ordnete ihn in das nähere Umfeld des Vereins ein: „Ich bin nun 56 Jahre alt und habe es nicht mehr nötig, mir so etwas anzutun."

Torry Schober – das Allround-Talent

Spieler, Trainer, Schiedsrichter, Universitäts-Dozent – der Begriff „Tausendsassa" war wohl für niemanden zutreffender als für Theodor Schober, den alle nur Torry nannten. Mit dem USC Heidelberg gewann er in den sechziger Jahren mehrfach die Meisterschaft, in 35 Länderspielen trug er das Trikot der Nationalmannschaft. Danach schlug er eine Laufbahn als Trainer und Schiedsrichter ein, stand unter anderem beim Bundesligisten USC Mainz oder der Nationalmannschaft bei den Olympischen Sommerspielen 1972 in München an der Bande. Vier Jahre zuvor hatte er an den Olympischen Spielen in Mexico City als Schiedsrichter teilgenommen. Als Schober 1978 die Altershöchstgrenze für Unparteiische erreicht hatte, kehrte er auf die Trainerbank zurück und führte den BSC Saturn Köln 1981 und 1982 zum Gewinn der Meisterschaft. Nach dem zweiten Titelgewinn schmiss er mit den Worten „Ich bin doch kein Fernfahrer" die Brocken hin. Im Hauptberuf arbeitete Schober als Dozent an der Johannes-Gutenberg-Universität in Mainz und war zwei Jahre lang täglich die rund 190 Kilometer nach Köln gependelt.

Hexenschuss beim Tennisspielen

Nur kurz währte im Sommer 1979 das Gastspiel des Amerikaners Morris Buckwalter bei TuS 04 Leverkusen. Mit dem 42 Jahre alten Amerikaner glaubte der Werksklub endlich seinen Wunschtrainer gefunden zu haben und trennte sich deshalb sogar von Jörg Trapp, der das Team wenige Wochen zuvor zum Meistertitel geführt hatte. Buckwalter kam bereits im Sommer an seine neue Wirkungsstätte und führte – damals ein Novum – ein Sommertrainingslager durch. Der erste Eindruck war vielversprechend. Dann folgte jedoch der große Schock: Während eines Kurzurlaubs in seiner US-Heimat zog sich Buckwalter beim Tennisspielen einen Hexenschuss im Rücken zu und konnte den Rückflug nach Leverkusen nicht mehr antreten. Für ihn sprang kurzfristig sein Landsmann Lorin Miller ein und blieb bis Saisonende am Rhein.

Murray Arnold und die Sprungseile

Andere Länder, andere Sitten. Neue Impulse in Spiel und Training erhoffte sich Ex-Meister Steiner Bayreuth 1990 nach der Verpflichtung des erfahrenen amerikanischen Collegetrainers Murray Arnold. Beim ersten Saisonspiel seiner neuen Mannschaft bei der BG Charlottenburg überraschte Arnold seine Schützlinge, indem er während des Aufwärmprogramms auf einmal Sprungseile auspackte. Alle Spieler sollten zur Ertüchtigung der Beinmuskulatur ein paar Sprünge nehmen. 2,18-Meter-Mann Torsten Stein hatte mit dieser Trainingsform naturgegebene Schwierigkeiten, und die Zuschauer auf den mittlerweile gut gefüllten Rängen der Berliner Sömmering-Halle bogen sich vor Lachen. Bayreuth verlor das Spiel unglücklich 79:80, und Arnold war nach zwei weiteren Niederlagen seinen Job los.

Unglückliches Trainer-Debüt

So unglücklich hat wohl selten eine Trainer-Laufbahn begonnen, wie die von Calvin Oldham: Nur drei Tage, nachdem der Amerikaner bei Steiner Bayreuth das Amt des zurückgetretenen Lester Habegger übernommen hatte, musste er Anfang Dezember 1995 mit seiner Mannschaft ausgerechnet zum brisanten Oberfranken-Derby bei TTL Bamberg antreten. Seine taktische Vorbereitung war dabei offenbar hervorragend, denn die zuvor in dieser Halle sieben Mal in Folge meist deutlich besiegten Bayreuther verloren diesmal nur denkbar knapp mit 73:74. Gerade deswegen war Oldhams einziger Fehler aber auch so besonders ärgerlich: Nach der ersten Auszeit seiner Trainerkarriere in der 14. Minute hatte er sechs Spieler aufs Feld geschickt und dafür ein technisches Foul kassiert, das die Bamberger zu einem Freiwurfpunkt nutzen – und um ausgerechnet diesen hatten die Gastgeber am Ende die Nase vorn.

Per Interpol gesucht

Eines der größten Missverständnisse der jüngeren Bundesliga-Geschichte war das Engagement des Jugoslawen Zoran Slavnic als Trainer des TSK universa Bamberg. „Herr Slavnic besitzt wegen seiner beispielhaften Karriere eine unglaubliche Autorität", geriet Bambergs Manager Wolfgang Heyder im Sommer 2001 nach der Verpflichtung des ehemaligen Weltklassespielers ins Schwärmen. Nach nicht einmal einem Vierteljahr klangen seine Worte anders: „Slavnic ist eine egozentrische Persönlichkeit. Am besten hätte es ihm gefallen, jeder hätte ihm die Füße geküsst." Slavnic wollte in Bamberg eingespielte Abläufe und Gepflogenheiten auf den Kopf stellen: Trainingstermine um 20 Uhr waren ihm zu spät, den Boden in der Trainingshalle bezeichnete er als ungeeignet. Einmal fuhr er sogar mit dem Auto durch die Fußgängerzone und verweigerte mit dem Hinweis auf seine Karriere das Strafmandat. „Er hat immer wieder Helfer und Betreuer angemotzt und beschimpft. Den Verantwortlichen warf er amateurhafte Arbeit vor", erinnert sich Heyder. „Doch wir haben es weggesteckt, permanent von ihm angegriffen zu werden. Zumindest eine Saison wollten wir das durchstehen." Kurz vor Weihnachten kam es jedoch zum Bruch. Der 52-Jährige forderte sein komplettes Gehalt bis Saisonende als Vorschuss und machte sich damit in einer Nacht-und-Nebel-Aktion aus dem Staub. Per Taxi ließ er sich zum Frankfurter Flughafen chauffieren und flog in seine Heimatstadt Belgrad zurück. Die Bamberger verklagten den Abtrünnigen auf die Rückzahlung der Monatsgehälter und ließen ihn sogar mit einem Haftbefehl über Interpol verfolgen.

Herrlich verrückte Mäzene

Teure Spieler und Trainer aus dem Ausland auf der einen Seite, beschränkte Hallenkapazitäten und vielerorts jämmerliche Vermarktung auf der anderen – zahlreiche Bundesligisten arbeiten seit jeher defizitär. Ohne Geldgeber, die die Löcher in den Vereinskassen stopfen, ginge nichts. Aber nicht immer läuft diese Form des Mäzenatentums reibungslos.

Georg Rückert und sein „Dream Team"

Im Zuge der bevorstehenden Olympischen Sommerspiele 1972 hatte sich Georg Rückert, Besitzer eines Altersheims in München-Sendling, vorgenommen, in München in Kooperation mit der Technischen Universität (TU) eine Mannschaft aufzubauen, die nicht nur an der deutschen, sondern auch europäischen Spitze mitspielen könne. Mit Helmut Uhlig (Osnabrück), Jürgen Wohlers (Wolfenbüttel), Holger Geschwindner, Ekkehardt Jekeli und Trainer Lazlo Lakfalvi (alle Gießen) wechselten alle Stars der damaligen Zeit in die bayerische Landeshauptstadt, die halbe Nationalmannschaft spielte Ende der sechziger, Anfang der siebziger Jahre an der Isar. Dementsprechend wurde der USC München als Favorit auf die Meisterschaft gehandelt. 1971 erreichte die Mannschaft tatsächlich das Meisterschaftsfinale gegen Titelverteidiger TUS 04 Leverkusen und durfte nach einem 85:79-Sieg im Hinspiel in der heimischen Halle sogar vom Titelgewinn träumen. Im Rückspiel in Leverkusen standen die Münchner jedoch mit 51:80 auf verlorenem Posten. „Dieses Spiel war der Anfang vom Ende", erinnert sich Trainer Lakfalvi. Mäzen Rückert verlor die Lust an seinem neuen Hobby, fuhr die finanziellen Zuwendungen von Jahr zu Jahr zurück und stellte sie letztlich ganz ein. 1977 verabschiedete sich der USC aus der Bundesliga.

70 000 Mark von Jägermeister

Ein bekannter Name in der deutschen Sportszene ist Günter Mast, Ex-Präsident der Fußballer von Eintracht Braunschweig. 1973 sorgte er für eine Revolution, als er die Niedersachsen als erstes Team in der

Bundesliga mit Trikotwerbung (Jägermeister) auflaufen ließ. Aber auch im Basketball trieb der Kräuterlikörhersteller sein Unwesen. Die Verantwortlichen des MTV Wolfenbüttel glaubten 1975 an einen dicken Coup, als Mast für die damalige Zeit beachtliche 70 000 Mark zum Saisonetat beisteuerte. Der Unternehmer forderte dafür jedoch eine entsprechende Gegenleistung: Obwohl es die Satzungen von DBB und des Niedersächsischen Landessportbundes strikt untersagten (zu dieser Zeit war nicht einmal Trikotwerbung erlaubt), wollte sich Mast mit seiner Firma im Vereinsnamen wieder finden. Auf Wunsch des Sponsors wurde das Wortungetüm „Spielgemeinschaft Jägermeister im Männer-Turn-Verein Wolfenbüttel“ geschaffen, das für Tabellen und Spielberichte allerdings untauglich war. Auch im Sprachgebrauch der Fans blieb es schlicht und einfach beim MTV. Da damit der erhoffte Werbeeffekt ausblieb, beendete Mast nach drei Jahren sein Engagement und konzentrierte sich auf seine Aktivitäten in Braunschweig.

Peter Perwas – der Bulle aus Osnabrück

Eine Serie fürs „Guiness-Buch der Rekorde“ legte Ende der siebziger, Anfang der achtziger Jahre der BC Giants Osnabrück hin. Innerhalb von acht Jahren schafften die „Riesen“ den Durchmarsch von der Bezirksklasse in die Bundesliga – und das ohne eine einzige Niederlage. Der sportverrückte Versicherungs-Millionär Peter Perwas hatte sich 1975, nach dem Rückzug des VfL, vorgenommen, den Basketball in der Stadt des Deutschen Meisters von 1969 wiederzubeleben. Schwergewicht Perwas (Spitzname: „Der Bulle“) ging das Unternehmen gezielt an. Zunächst wurden die Korbjäger bei Vorort-Klub TV Bissendorf-Holte angesiedelt, in der Oberliga zog das Team nach Osnabrück. Perwas verpflichtete ehemalige Nationalspieler wie Erhard Apeltauer, Rudi Kleen und Dirk Weitemeyer, den Deutsch-Amerikaner Hans de Witt oder Leverkusens ehemaligen Meistermacher Günter Hagedorn, die er alle mit weißen Golf GTIs ausstattete. Spieler und Trainer hatten ein bequemes Leben: Erst am Freitag brauchten sie zum Abschlusstraining anreisen und tags darauf durften sie nach den Spielen sofort wieder abreisen. Als Prämie für Meisterschaft und

Aufstieg ließ Perwas schon mal einen Karibikurlaub springen. 1986 stürzte das Projekt wie ein Kartenhaus in sich zusammen: Gehaltsschecks für Spieler und Trainer platzten, Gerichtsvollzieher pfändeten die Abendkasse. Perwas trat nach Differenzen im Vorstand und Zahlungsproblemen zurück, wenige Monate später stiegen die Giants ab. Danach löste sich der Klub auf.

Rubin Schlaks – der Spuk war schnell vorbei

„Ich wollte einen Klub besitzen", sagte Rubin Schlaks, als er 1987 Sponsor beim DTV Charlottenburg wurde. „Und im Basketball geht das noch." Mit Stars wie Mike Jackel oder Lew Hill trimmte der Jeanshändler (Firma Wit Boy) die Berliner zum Spitzenteam. Ähnlich wie einst Rückert in München verdarb ihm jedoch eine Niederlage gegen Leverkusen die Laune: 1989 verloren die Berliner im Play-off-Halbfinale, Schlaks zog sich zurück und hinterließ einen Scherbenhaufen. Zwei Jahre später entgingen die Charlottenburger nur um Haaresbreite dem Konkurs. Die Basketballer mussten sich unter der neuen Bezeichnung BG Charlottenburg sogar aus dem Stammverein DTV lösen, um diesen nicht mit in den Abgrund zu reißen.

Carl Steiner und das Autotelefon

Carl Steiner, Erbe eines der weltgrößten Fernglas-Unternehmen und Präsident des gleichnamigen Bayreuther Bundesligisten, regierte in der oberfränkischen 75 000 Einwohner-Stadt wie ein Sonnenkönig. Nach Lust und Laune engagierte und feuerte er Trainer. In seiner 13-jährigen Regentschaft wechselte zwölfmal der Übungsleiter, auch Spieler gaben sich die Klinke in die Hand. Steiner pflegte einen autoritären Führungsstil, den 1990 der neue Trainer Murray Arnold nach drei Spielen zu spüren bekam: Nach drei Niederlagen war der Amerikaner seinen Job los. Steiner teilte den Bayreuther Medien seine Entscheidung auf der Rückfahrt von der 70 : 89-Pleite in Ludwigsburg über das Autotelefon – damals ein absolutes Novum – mit. Erst danach informierte er den Trainer. Arnolds Nachfolger wurde der Engländer Dan Palmer. Ungeachtet der eindrucksvollen Bilanz von 20

Siegen aus 25 Spielen musste aber auch Palmer noch vor Beginn der Play-offs gehen und wurde durch Arnolds Vorgänger Lester Habegger ersetzt. Trotzdem – oder gerade vielleicht wegen der zahlreichen Trainerwechsel – war für die Wagnerstädter im Halbfinale Endstation.

Günter Tröster und das Zirkuszelt

Im Frühjahr 2003 erreichte die Mannschaft des TSK universa Bamberg die Play-off-Finalserie um die Meisterschaft. Über den überraschenden Erfolg konnte sich in der Domstadt aber kaum jemand freuen. Das Saisonende wurde von einem heftigen Streit zwischen Verein und Stadt auf der einen Seite und Hauptsponsor Günter Tröster auf der anderen überschattet, der sogar den Fortbestand des Vizemeisters in Frage stellte. Der Automobil-Zulieferer, der den Verein vier Jahre zuvor mit seiner Firma TSK vor dem Konkurs gerettet hatte und seither als Alleingesellschafter die Bundesliga-Lizenz besaß, bezeichnete Vereinsführung und Stadtverwaltung als „mittelmäßige Kleinbürger“ und forderte die sofortige Rückzahlung von 600 000 Euro aus seiner Kapitaleinlage. Tröster warf dem Management vor, mit dem Stammkapital Spieler finanziert zu haben („mein Geld wurde zum Fenster hinausgeworfen“) und stellte bei der Liga den Antrag auf Verlegung des Spielortes in die benachbarte Großstadt Nürnberg, wo er gemeinsam mit den Klubs aus Würzburg und Bayreuth einen Retortenklub namens TSK Franken aufziehen wollte. Nachdem die Umzugspläne von der Liga abgelehnt wurden, dachte er darüber nach, an seinem Firmensitz in einem Bamberger Vorort ein Zelt für 3500 Zuschauer errichten zu lassen. Als auch diese Variante scheiterte, heuerte Tröster als Haupt- und Namenssponsor in Würzburg an. Nach nur einer Saison war aber diese Liaison wieder beendet: TSK Würzburg stieg aus der Bundesliga ab und meldete Konkurs an.

Sabine Günther, das Bier und die Fußgängerzone

Zum Retter in der Not avancierte in Bamberg Sabine Günther. Ohne die Ehefrau von Multi-Millionär Walter Günther wäre Bundesliga-

Basketball in der Domstadt kaum noch denkbar. Für rund 800 000 Euro kaufte sie Vorbesitzer Günter Tröster im Sommer 2003 die Lizenz ab und rettete den Standort vor dem Aus. „Wir waren uns einig, dass man einmal im Leben auch was Verrücktes machen muss. Es gibt ja hier nicht viel zu erleben: Fußgängerzone, Bier trinken, Basketball, und das war's“, begründete Sabine Günther ihren Einstieg. Innerhalb von drei Jahren investierte sie eine siebenstellige Summe in Mannschaft und Umfeld. Ende 2005 kaufte sie der Stadt Bamberg für eine Million Euro die Spielstätte „Forum“ ab, die sie in Eigenregie von 4500 auf 7000 Zuschauerplätze erweitern ließ. Während Sabine Günther auf der Tribüne bei allen Heimspielen eifrig mitfiebert, hatte ihr Mann – und der eigentliche Geldgeber – nach nur einem Besuch genug. „Ihm war es in der Halle viel zu laut und hektisch“, so Sabine Günther.

Herrlich verrückte Klubs

Zur Jahrtausendwende galt Alba Berlin als das Nonplusultra im deutschen Basketball und für die gegnerischen Teams als unschlagbar. Hätte es allerdings an einem Samstagmorgen im Frühjahr 1991 nicht eine verhängnisvolle Begegnung in einer Frisörstube gegeben, wäre die Hauptstadt heute wohl gar nicht mehr auf der Bundesliga-Landkarte vertreten …

Vereinsgründung beim Frisör

Franz Josef Schweitzer, inzwischen verstorbener Chef des Müll-Recycling-Unternehmens Alba, galt als Frühaufsteher. Zwischen halb fünf und fünf Uhr morgens begann sein Tag. Dementsprechend war es für ihn eine Selbstverständlichkeit, sich die Haare zu einer Uhrzeit schneiden zu lassen, zu der das Gros der Bevölkerung noch in den Federn liegt. Sein Frisör hatte sich im Laufe der Jahre damit abgefunden, seinen vermögenden Kunden in aller Herrgottsfrühe zu bedienen. Diesmal nahm zum vereinbarten Termin ein Überraschungsgast im Sessel neben ihm Platz: Gerd-Ulrich Schmidt. Der Mannschaftsarzt des kriselnden Bundesligisten BG Charlottenburg hatte vom Coiffeur den Tipp bekommen, dass an diesem Morgen Schweitzer käme, und klagte dem Unternehmer das finanzielle Leid des Vereins. Schweitzer zeigte sich zunächst wenig begeistert, war er doch zum Haareschneiden gekommen, und nicht, um sich von einem Basketball-Enthusiasten anbetteln zu lassen. „Also gut", brummte er genervt, „dann lassen Sie sich am Montag von meiner Sekretärin einen Termin geben. Jetzt geben Sie aber endlich Ruhe, damit ich mir die Haare schneiden lassen kann." Das Ende der Geschichte ist bekannt: Schweitzer rettete den Verein zunächst mit einer Geldspritze von 30 000 Mark vor dem Konkurs und baute ihn in den folgenden Jahren zu einem der führenden Klubs in Europa auf.

Ursprünge in einer Schulmannschaft

Seit jeher ist Leverkusen eine der deutschen Basketball-Hochburgen, mit 14 Titeln sind die Chemiestädter (bis 1984 TuS 04, danach TSV Bayer 04, seit 2001 Bayer Giants) deutscher Rekordmeister. Ein Blick in die Vereinshistorie offenbart ein Kuriosum: Ihre Ursprünge haben die Korbjäger des Werksklubs nämlich in einer Schulmannschaft. Bei einem Schulturnier im Dezember 1958 hatten die Unterprimaner (Jahrgangsstufe 12) des Leverkusener Carl-Duisberg-Gymnasiums ihre Begeisterung für die von Studienrat Arno Pallasch aus dem fernen Amerika importierte Sportart entdeckt und damit den Grundstein für die Erfolgsgeschichte der „Riesen vom Rhein" gelegt. Als Schulmannschaft nahmen die Pennäler fortan an Turnieren teil. Im Herbst 1960 klopften sie beim TuS 04 an, der daraufhin eine Basketballabteilung gründete. Der offizielle Start zu Punktspielen erfolgte am 30. September 1961 in der Kreisklasse Köln. Gerade einmal sieben Jahre benötigten die Leverkusener für ihren Durchmarsch in die Bundesliga, wo sie nur zwei Jahre nach dem Aufstieg ihre erste Meisterschaft gewannen. Mit Bernd Wilhelm machte sogar ein ehemaliger Schüler des Carl-Duisberg-Gymnasiums den kompletten Aufstieg von der Kreisklasse in die Bundesliga mit.

Vereinsname schnell geändert

Anfang der neunziger Jahre entdeckten immer mehr Bundesligisten eine neue Einnahmequelle: Sie verkauften ihren Vereinsnamen an mehr oder weniger zahlungskräftige Unternehmen (nicht immer flossen die Zahlungen im vereinbarten Umfang). Dem wollte auch der Rhöndorfer TV nicht nachstehen. Der Bad Honnefer Stadtteilklub wurde sich 1996, ein Jahr nach dem Aufstieg, mit der Firma Birkenstock, einem Hersteller von Gesundheitssandalen aus dem nahe gelegenen Vettelschoß, über ein Engagement einig. Die Zusammenarbeit begann allerdings etwas holprig: Eine Woche vor dem ersten Punktspiel posierten die Spieler noch unter dem Vereinsnamen Birkenstock Rhöndorf für das Mannschaftsfoto im Saisonvorschau-Heft. Weil das Gelächter in der Branche ob des angestaubten Images der Marke groß war, handelten die Verantwortlichen blitzschnell: Zum ersten Spiel und in den weiteren drei Jahren seiner Bundesliga-Zugehörigkeit traten die Rheinländer unter dem Namenspatronat der Birkenstock-Jugendkollektion Tatami an.

Rochade für den Retortenklub

Lange kursierten in Rhöndorf Gerüchte, wonach Altersheim-Betreiber und Hauptgesellschafter Franz-Josef Solzbacher in Frankfurt einen Retortenklub installieren wolle. Die Bankenmetropole war, abgesehen von einem Intermezzo in der Saison 1979/80, seit fast 30 Jahren ein weißer Fleck auf der BBL-Landkarte. Im Frühjahr 1999 setzte er seine Pläne in die Realität um. Eigentlich sollte die Bundesliga-Lizenz von Tatami Rhöndorf einfach die 150 Kilometer nach Süden wandern und der Bad Honnefer Stadtteilklub in der 2. Liga weiterspielen. Doch das ließ die 2. Liga Nord, deren Teilnehmerfeld komplett war, nicht so einfach zu. Gemeinsam mit seinem Intimus Hansjörg Tamoj, dem Bundesliga-Vizepräsidenten, ersann Solzbacher daraufhin folgendes komplexes Gebilde, das noch vier Jahre später die Gerichte beschäftigen sollte: Der SSV ratiopharm Ulm leibte sich gegen eine Zahlung in Höhe von 674 000 Mark den benachbarten, mit über einer halben Million Mark verschuldeten Dorfklub SV Tally Oberelchingen ein, der sich daraufhin aus der Bundesliga zurückzog und in der 2. Liga Süd als eine Art Ulmer Farmteam fungieren sollte. Um die Kosten wieder einzuspielen, verkauften die Ulmer die Oberelchinger Bundesliga-Lizenz für 200 000 Mark an den SSV Weißenfels, der zuvor in der Aufstiegsrunde auf der Strecke geblieben war. Zeitgleich wurde damit für Rhöndorf ein Startplatz in der 2. Liga Nord geschaffen. Um für Oberelchingen Platz in der 2. Liga Süd zu machen, zog sich die hochverschuldete BG Ludwigsburg gegen eine Zahlung von 300 000 Mark in die Regionalliga zurück. Weil Solzbacher kurze Zeit später mit seinem Altersheimbetrieb in Turbulenzen geriet und nach der ersten Rate die Zahlungen einstellte, zogen die Ulmer vor Gericht und erhielten nachträglich 50 000 Euro zugesprochen. Die Skyliners Frankfurt erwiesen sich, ungeachtet der Turbulenzen bei ihrer Gründung, als Bereicherung für die Bundesliga: Gleich in ihrem ersten Jahr gewannen sie den DBB-Pokal, vier Jahre später sogar die Meisterschaft.

Trainer und Manager zum Nulltarif

Den wohl chaotischsten Saisonverlauf erlebten im Winter 2000/01 Fans und Mannschaft in Braunschweig. Weil der neue Haupt- und Namenssponsor Metabox, ein IT-Unternehmen, das auf die Herstellung von Set-Top-Boxen zum Empfang von Internet auf dem heimischen TV spezialisiert war, in wirtschaftliche Turbulenzen geriet und nach nur wenigen Wochen seinen Zahlungen nicht mehr nachkam, stand der Klub vor dem Aus. Um den Standort zu retten, an dem erst wenige Wochen zuvor die neue, schmucke Volkswagen-Halle mit 7000 Zuschauerplätzen ihre Pforten eröffnet hatte, ersannen Liga und Verband gemeinsam mit der Stadtverwaltung ein ausgeklügeltes Rettungskonzept: Die Liga stellte dem Klub mit dem ehemaligen Geschäftsführer des BSC Saturn Köln und Wirtschafts-Experten, Ralf Beckmann, einen Krisenmanager kostenlos zur Verfügung. Der Verband entsandte als neuen Übungsleiter Bundestrainer Henrik Dettmann, der gerade ohnehin nichts Besseres zu tun hatte. Die Stadt gründete die Auffanggesellschaft Stadtsport, die die Bundesliga-Lizenz übernahm, und die Spielergehälter wurden für drei Monate vom Arbeitsamt übernommen. Braunschweig erlebte ein Happy End: Die Mannschaft erreichte sogar noch die Play-offs.

Regional- statt Bundesliga

Im Frühjahr 2002 platzten die Träume der BC Johanneum Hamburg Tigers von einem Bundesliga-Comeback jäh. Die Hanseaten wurden in der 2. Bundesliga Nord zwar souverän Erster und sicherten sich damit das Aufstiegsrecht. Trotzdem mussten sie in der folgenden Saison 2002/03 in der drittklassigen Regionalliga antreten. Wie das? Bereits in der Endphase der Zweitliga-Saison lief gegen den Verein ein Insolvenzverfahren, von dem sich die Mannschaft von Trainer Pat Elzie aber nicht beirren ließ. Um trotz der Insolvenz die BBL-Lizenz zu erhalten, wurde mit dem BC Hamburg ein Nachfolgeverein gegründet. Da Mäzen Jens Holtkötter, Inhaber der Werbeagentur Ballyhoo, aber seinen finanziellen Zusagen jedoch nicht nachkam, verzichtete der BCH nach langem Hin und Her auf einen Lizenzantrag. Pech für den neugegründeten Verein: Weil inzwischen auch die Meldefrist für die 2. Bundesliga abgelaufen war, musste er einen Neuanfang in der Regionalliga starten.

Sponsor vergrault

Ein Musterbeispiel, wie man einen Sponsor vergrault, lieferte im Herbst 2004 die BG Iceline Karlsruhe. Weil Matthias Dischler, Vorsitzender, Geschäftsführer und damit „Alleinherrscher“ des Klubs, Haupt- und Namenssponsor Iceline nicht genügend VIP-Karten und dann auch noch sichtbehinderte Plätze in der Europahalle zur Verfügung stellte, beendete der Tiefkühlhersteller mit sofortiger Wirkung sein Engagement. Dischler war's egal: Die Badener spielten einfach unter ihrem ursprünglichen Vereinsnamen BG Karlsruhe weiter. Es war nicht das einzige Kuriosum in Karlsruhe: Eineinhalb Jahre zuvor legte Trainer Stefan Koch nach nur acht Spielen sein Amt nieder: „Die Art und Weise, wie die Spieler von der Vereinsführung behandelt wurden, hat mir nicht gefallen“, begründete er seinen konsequenten Schritt. Im Herbst 2005 musste sein Nachfolger Uwe Sauer gehen, weil Dischler mit der Leistung der Mannschaft in der zweiten

Halbzeit bei der 74:88-Niederlage gegen die Artland Dragons aus Quakenbrück unzufrieden war.

Die schlechtesten Teams

Wer war eigentlich die schlechteste Mannschaft der nunmehr 40-jährigen Bundesliga-Geschichte? Diese unrühmliche Auszeichnung geht gleich an zwei Vertreter. 1970 schloss Aufsteiger TV Kirchheimbolanden die Saison der damals noch in Nord- und Südstaffel geteilten Liga ohne ein einziges Erfolgserlebnis mit 0:36 Punkten als Letzter ab und verabschiedete sich nach nur einer Saison wieder aus dem Oberhaus. Nicht besser erging es der SG FT/MTV Braunschweig, ebenfalls Aufsteiger, 19 Jahre später in der Spielzeit 1988/89: Mit 0:44 wurden die Niedersachsen Letzter und stiegen ab. Die Klubs verdienen zumindest etwas Nachsicht: Beide rückten erst kurz vor Saisonstart am „grünen Tisch" in die Bundesliga nach: Kirchheimbolanden für Eintracht Frankfurt, die ihr Team aus finanziellen Gründen zurückgezogen hatte. Braunschweig für den niedersächsischen Rivalen ASC 46 Göttingen, der das finanzielle Risiko einer weiteren Bundesliga-Zugehörigkeit scheute.

Jeckes Kölle – herrlich verrücktes Köln

Eine der deutschen Basketball-Hochburgen ist seit jeher Köln, Deutscher Meister der Jahre 1981, 1982, 1987, 1988 und 2006. Vor allem durch die ortsansässige Deutsche Sporthochschule (DSH) in Müngersdorf erfreute sich der einstige Studentensport in der Domstadt frühzeitiger Beliebtheit. Für die skurillsten Geschichten sorgten aber nicht die Studenten, sondern die Bundesliga-Spieler …

Formfehler rettet Bundesliga-Zugehörigkeit

Zwei Jahre nach dem Wiederaufstieg in die höchste Spielklasse machten sich im Frühjahr 1977 Existenzängste bei den Basketballern des ASV Köln breit. Der eigentlich auf Leichtathletik spezialisierte Gesamtverein ASV plante aus finanziellen Gründen die Auflösung der

Sparte. Rund 30 000 Mark fehlten den Korbjägern zur Fortsetzung des Spielbetriebs. Die Domstädter hatten bereits den Verzicht auf die Bundesliga-Lizenz an den DBB geschickt – der Sturz in die Viertklassigkeit drohte. Die Aktion „Helft den ASV-Basketballern“ in der Tageszeitung „Express“ war ein letzter Hilferuf. Und der hatte tatsächlich Erfolg. Fritz Waffenschmidt, Inhaber des Elektronik-Discountmarktes Saturn, erklärte sich bereit, die jungen Sportler fortan mit 150 000 Mark pro Saison zu unterstützen. Die lösten sich aus dem Gesamtverein ASV und gründeten den BSC Saturn, der auch die Bundesliga-Lizenz übernahm. Glück für die Kölner: Bei der Lizenzrückgabe war ihnen ein Formfehler unterlaufen. Diese war ungültig, weil die Unterschrift von ASV-Präsident Peter Weiand fehlte.

Manager aus dem Radio

Als Strippenzieher im Hintergrund übernahm Dietmar Schott die Geschicke des neugegründeten Klubs. Schott war damals Sportchef des Westdeutschen Rundfunks und erinnert sich, wie es zu seinem Nebenjob kam: „Fritz Waffenschmidt hatte noch nie in seinem Leben ein Basketballspiel gesehen. Er rief mich an und fragte, ob ich helfen könne, weil er meine Basketball-Reportagen aus dem Radio kannte.“

Kameras für den US-Star

Waffenschmidts Ziele waren ehrgeizig: Er wollte die Meisterschaft schnellstmöglich in die Domstadt holen und gab Schott bei der Rekrutierung neuer Spieler weitgehend freie Hand. Einheimische Stars wie der ehemalige Nationalmannschafts-Kapitän Holger Geschwindner, sein Nachfolger Jörg Heidrich oder der von einem US-College nach Deutschland zurückgekehrte Michael Pappert versammelten sich in den folgenden Jahren in der Domstadt. Auch die Ausländerstellen waren mit dem jugoslawischen Weltmeister Dragan Kapicic oder US-Boy Tyron Branyon prominent besetzt. Ein besonderer Coup gelang Schott im Sommer 1980: Mit dem deutschstämmigen Amerikaner Johnny Neuman holte er den ersten ehemaligen NBA-Profi (89 Einsätze unter anderem für die Indiana Pacers) in die Bundesliga. Der Flügelspieler litt in der damals noch amateurhaft aufgestellten Liga jedoch rasch unter Motivationsproblemen. Um diesen Abhilfe zu leisten, bauten Schott & Co. bei Spitzenspielen Videokameras auf: „Wir haben ihm dann immer gesagt, das Fernsehen sei da und überträgt live. Dann hat er sich mehr angestrengt", so der Saturn-Manager.

Mit leerem Magen ins Bett

Drei Jahre später sorgten Schott und Waffenschmidt für einen weiteren Paukenschlag: Vom israelischen Serienmeister Maccabi Tel Aviv, den er 1981 zum Gewinn des Europapokals der Landesmeister geführt hatte, eisten die beiden Kölner Macher den europäischen Spitzentrainer Ralph Klein los. Das wäre so, als würde Franz Beckenbauer in Kamerun unterschreiben, jubelte damals die Kölner Boulevardpresse. Klein und Köln – die Beziehung war jedoch ein einziges Missverständnis und ging nach drei Jahren ohne Titelgewinn auseinander. Schon beim ersten Training des deutschstämmigen Israeli kam es zum Eklat: „Als ich das erste Mal in die Halle zum Training kam, fragte ich nach dem Physiotherapeuten", so Klein. „Der kommt nur mittwochs, bekam ich als Antwort. Ich brach das Training sofort ab. Von da an war der Physiotherapeut jeden Tag da." Wenige Tage später, beim Trainingslager irgendwo im Bergischen Land, schickte der damals 51-Jährige seine Spieler nach einem Testspiel gegen eine jugoslawische Mannschaft mit leeren Mägen ins Bett. Nach Niederlagen gäbe es nichts mehr zu essen, lautete seine Anweisung, da sollten sich die Spieler lieber auf wichtigere Dinge konzentrieren.

Dank Frauen-Trainer erfolgreich

Trotz deutlicher Etatsteigerung und Professionalisierung hatte der BSC Saturn Köln in der dreijährigen Amtszeit des israelischen Star-Trainers Ralph Klein keinen einzigen Titel errungen. Das änderte sich erst nach einem Trainerwechsel 1986. Dabei ging der Klub volles Risiko: Neuer Bandenchef des BSC Saturn wurde der Amerikaner Tony di Leo. Der war nicht nur gerade mal erst 31 Jahre alt, sondern betrat mit Männer-Basketball Neuland. Di Leo, als aktiver Spieler nie sonderlich erfolgreich und bereits im Alter von Anfang 20 als Trainer tätig, war zuvor sieben Jahre lang für die Bundesliga-Frauen von Agon Düsseldorf verantwortlich. Und mit diesen stellte er einen Weltrekord auf: 136 Pflichtspiele hintereinander blieb Agon ungeschlagen und gewann in dieser Zeit sieben Meistertitel sowie sechs Mal den DBB-Pokal. Auch in Köln gelang es Di Leo, eine für den Titelkampf entscheidende Atmosphäre aus Ehrgeiz und Freundschaft zu schaffen, und er führte den BSC Saturn in seinen beiden ersten Jahren gleich zweimal zum Gewinn der Meisterschaft.

Fragwürdige Hilfe aus der Türkei

Die Bundesliga-Zugehörigkeit des BSC Saturn endete ebenso ungewöhnlich, wie sie begonnen hatte. Bereits 1984 hatte Mäzen Fritz Waffenschmidt seine Saturn-Märkte an die Kaufhof AG verkauft, jedoch ein weiteres Sponsoring bis 1989 gewährleistet. Nach Ablauf dieser Frist entschied sich die neue Konzern-Spitze jedoch, das Engagement nicht weiter fortzusetzen. Dem Verein wurde damit quasi über Nacht die Grundlage entzogen. Hilfe nahte aus der Türkei: Der Istanbuler Traditionsklub Galatasaray entschied sich, die Kölner mit einer Finanzspritze von 1,2 Millionen Mark zu unterstützen. Vorsitzender Faruk Süren war überzeugt, in Deutschland ansässige türkische Unternehmer für einen Sponsorenpool zu gewinnen. Um auch möglichst viele türkische Gastarbeiter zu den Heimspielen zu locken, nannte sich der Verein in Galatasaray Köln um. Das Interesse der Zuschauer hielt sich jedoch ebenso in Grenzen wie das türkischer Firmen. Auch die versprochenen Gelder vom Bosporus blieben aus. Das ganze Gebilde stürzte schon nach wenigen Wochen wie ein Kartenhaus in sich zusammen. Die Spieler klebten den Galatasaray-Schriftzug auf ihren Trikots ab, spielten die Saison aber trotz der ausbleibenden Gehälter zu Ende und besiegten in den Spielen um Platz drei immerhin den TTL Bamberg. Mit Saisonende zog sich der Verein aus der Bundesliga zurück, und der Standort Köln verschwand für Jahre von der Bildfläche.

Rückkehr per Wild Card
Ebenso kurios wie Kölns Niedergang verlief auch die Rückkehr auf die Bundesliga-Bühne elf Jahre später. Im Zuge der Sport-Euphorie nach dem Bau der Kölnarena gelang es Ex-Nationalspieler Stephan Baeck, Sponsoren und Geschäftsleute für ein ehrgeiziges Projekt zu begeistern. Sein Plan funktionierte wie folgt: Der Rhöndorfer TV, 2001 Meister der 2. Bundesliga Nord, verzichtete auf sein Aufstiegsrecht in die BBL. Dafür bewarben sich die Cologne 99ers, frischgebackener Meister der Regionalliga West, um den frei gewordenen Platz. Mit nur einer Gegenstimme (aus Bonn) wurde den Kölnern von den anderen Bundesligisten die Zustimmung für diese Form einer „Wild Card" erteilt und damit dem nach einem ortsansässigen Energieversorger in Rhein Energy Cologne umbenannten Klub der Sprung über eine Spielklasse hinweg direkt in die BBL ermöglicht (Rhöndorf erhielt dafür eine Ausgleichszahlung von 100 000 Mark). Als Spielstätte wurde auf einem stillgelegten Fabrikgelände im Kölner Westen der Energy Dome bezogen, eine eher an ein Zirkuszelt erinnernde Halle für 3000 Besucher.

Sammelsurium der Vereinsnamen

In keiner anderen deutschen Profiliga änderten die Klubs derart häufig ihren Namen wie in der Basketball-Bundesliga. Am tollsten trieben es Anfang des neuen Jahrtausends die Klubs aus Köln und Braunschweig. Köln wechselte zwischen 2001 und 2003 gleich viermal den Namen: Aus den Cologne 99ers wurde nach dem Bundesliga-Aufstieg, in Anlehnung an einen örtlichen Energieanbieter, RheinEnergy Cologne. Ebenso wie die Firma wechselte der Klub 2002 seine Bezeichnung in RheinEnergie, im folgenden Jahr wurde die englische Version des Städtenamens in die deutsche Form abgeändert: Seit 2003 heißt das einstige RheinEnergy Cologne schlicht und einfach RheinEnergie Köln. Braunschweig firmierte zwischen 2000 und 2006 sogar unter sechs verschiedenen Namen: SG, Metabox, Stadtsport, TXU Energie, BS Energy und seit Mitte 2006 auf Grund der finanziellen Unterstützung eines Jeansherstellers als New Yorker Phantoms Braunschweig.

Bamberg spielte vier Jahre lang sogar unter dem Namenspatronat zweier Unternehmen. Mit dem Nürnberger Versicherungskonzern Universa präsentierten die Oberfranken einen zweiten Sponsor neben dem Tapeten- und Teppichboden-Händler TTL und firmierten fortan als TTL universa Bamberg. Die Vereinsverantwortlichen hatten dabei ein Schlupfloch in den DBB-Statuten genutzt: Die Verbandsoberen hatten TTL für ein Vereinskürzel gehalten.

Hier eine Übersicht der verschiedenen Vereinsnamen aller Bundesligisten:

- *Bamberg:* 1. FC Bamberg, TTL Basketball Bamberg, TTL universa Bamberg, TSK universa Bamberg, GHP Bamberg
- *Bayreuth:* Post-SV Bayreuth, USC Bayreuth, Olympia USC Bayreuth, BG Steiner-Optik Bayreuth, Steiner Bayreuth, Basket Bayreuth, BBC Bayreuth
- *Berlin:* DTV Charlottenburg Berlin, BG Charlottenburg Berlin, Alba Berlin
- *Braunschweig:* SG FT/MTV Braunschweig, SG Braunschweig, Metabox Braunschweig, Stadtsport Braunschweig, TXU Energie Braunschweig, BS Energy Braunschweig, New Yorker Phantoms Braunschweig
- *Frankfurt:* Skyliners Frankfurt, Opel Skyliners Frankfurt, Deutsche Bank Skyliners Frankfurt
- *Gießen:* MTV Gießen 1846, Avitos Gießen, Gießen 46ers
- *Hagen:* SSV Hagen, SSV GoldStar Hagen, Brandt Hagen, Hagen Hunters, Brandt Hagen
- *Karlsruhe:* BG Karlsruhe, BG Iceline Karlsruhe, Iceline Karlsruhe, BG Karlsruhe
- *Leverkusen:* TuS 04 Leverkusen, TSV Bayer 04 Leverkusen, Bayer Giants Karlsruhe
- *Ludwigsburg:* SpVgg 07 Ludwigsburg, BG 07 Ludwigsburg, BG Stuttgart/Ludwigsburg, BG Ludwigsburg, EnBW Ludwigsburg

- *Köln:* ASV Köln, BSC Saturn Köln, Galatasaray Köln, Cologne 99ers, RheinEnergy Cologne, RheinEnergie Cologne, RheinEnergie Köln
- *Tübingen:* Tübinger SV, Wired Minds Tübingen, Walter Tigers Tübingen
- *Weißenfels:* SSV Einheit Weißenfels, SSV Weißenfels, SSV Hagebau Weißenfels, Mitteldeutscher BC
- *Würzburg:* DJK Würzburg, DJK S. Oliver Würzburg, S. Oliver Würzburg, TSK Würzburg, USC Mainfranken Basket

3 Herrlich verrückte Nationalmannschaft

Ihre Geburtsstunde erlebte die deutsche Nationalmannschaft am 7. August 1936. Diese war aus zweierlei Hinsicht ungewöhnlich: Zum einen fand sie, ohne Vorbereitungsspiel, gleich im Rahmen der Olympischen Sommerspiele von Berlin statt. Die vom Kölner Hugo Mureno und dem deutschen Basketball-Pionier Hermann Niebuhr aus Bad Kreuznach zusammengestellte und trainierte Truppe, in der auch der spätere NOK-Boss Willi Daume spielte, unterlag der Schweiz 18 : 25. Zum anderen waren die deutschen Korbjäger damals noch im NS-Reichsbund für Leibesübungen (N. S. R. L.) dem Fachbereich Handball zugeordnet. Nur einen Tag später fuhr die Nationalmannschaft ihren ersten Sieg ein: Das Treffen gegen Spanien wurde kampflos gewonnen, weil die Iberer wegen des in ihrer Heimat ausgebrochenen Bürgerkriegs nicht antraten.

Aus der Jugend in die Nationalmannschaft

Fast zwanzig Jahre lang war der Wolfenbütteler Horst Wohlers mit 174 Länderspiel-Einsätzen Rekord-Nationalspieler, ehe er 1995 durch Hansi Gnad abgelöst wurde. Einmalig an dem groß gewachsenen Flügelspieler, der seinem Heimatverein bis auf ein einjähriges Intermezzo beim USC München (Saison 1969/70) stets die Treue hielt, war aber nicht nur die beeindruckende Anzahl an Länderspielen, sondern auch sein Einstand in der Nationalmannschaft. Bei der deutschen A-Jugendmeisterschaft 1963 in der Frankfurter Jahrhunderthalle hatte es der damals 18-Jährige dem auf der Tribüne sitzenden Bundestrainer Yakovos Bilek derart angetan, dass ihn dieser umgehend in die DBB-Auswahl berief, obwohl Wohlers zu diesem Zeitpunkt noch keine einzige Partie im Herrenteam seines Vereins bestritten hatte.

Verband fordert Boykott

Auf ungewöhnliche Art und Weise wollte der Deutsche Basketball Bund (DBB) nach der verpatzten Qualifikation zur Europameisterschaft 1975 seinen glück- und erfolglosen Bundestrainer Pascal Ezguilian loswerden. Die Verbands-Oberen forderten die Nationalspieler zu einem Boykott gegen den in Ungnade gefallenen Franzosen auf, stießen damit bei einigen Aktiven jedoch auf Missfallen. „Dafür gab es aus meiner Sicht keinerlei Gründe“, sagte der damals erfolgreichste deutsche Korbjäger, Rudi Kleen aus Leverkusen, und beendete als Konsequenz mit erst 21 Jahren und 30 Länderspielen seine internationale Karriere. Kleen später: „Ich habe meinen damaligen Entschluss zu keiner Sekunde bereut.“

US-Aufenthalt mit Nebenjobs finanziert

Während einer Gastspielreise durch die USA im Frühjahr 1977 machte Bundestrainer Bernd Röder seinen jungen Nationalspielern ein verlockendes Angebot: „Wer Lust hat, ein paar Monate in den USA zu studieren, soll sich melden.“ Michael Pappert tat, wie geheißen. Der Flügelspieler des SSV Hagen wechselte für 22 Monate an die University of Redlands ins sonnige Kalifornien. Die Lehrzeit in den USA hatte sich der 19-Jährige allerdings einfacher vorgestellt. Weil der Deutsche nur ein Teilzeit-Stipendium erhielt, musste er für Kost und Logis selbst aufkommen. Pappert tat dies durch Nebenjobs: Im ersten Jahr verdingte er sich in seiner Gastfamilie als Babysitter, im zweiten Jahr arbeitete er nach Studium und täglich vier Stunden Basketball-Training nebenher als Aufsicht für jüngere Schüler.

Glatteis auf der Sauerlandlinie

Ein unvergessenes Testspiel absolvierte die Auswahl des Deutschen Basketball Bundes (DBB) Ende November 1978 im Rahmen ihrer Vorbereitungen auf das EM-Qualifikationsturnier im darauf folgenden Frühjahr in Athen. In der Gießener Sporthalle Ost war ein Vergleich gegen den amtierenden Meister MTV Gießen angesetzt. Einsetzender Schneefall und Glatteis auf der A 45, der Sauerlandlinie, verhinderten jedoch ein rechtzeitiges Eintreffen der rheinischen Spieler Klaus Zander, Sebastian Brunnert (beide Köln), Norbert Thimm, Vladimir Kadlec und Christoph Kruschewski (alle Leverkusen). Zander und Brunnert bauten bei der Anreise mit ihrem Pkw einen Totalschaden und wurden von den Leverkusenern aufgelesen, als diese zufällig die Unfallstelle passierten. Erst Mitte der ersten Halbzeit traf das Quintett in Gießen ein und trug danach maßgeblich zum 86:80-Sieg bei.

Mini-Blitz mit Maxi-Wirkung

Mit Block, Stift und Fotoapparat war Reinhard Schwarz, Basketball-Fachmann der Deutschen Presse-Agentur (dpa), im Mai 1981 zur Europameisterschafts-Qualifikation nach Istanbul gereist. Dort bot sich der Nationalmannschaft die Gelegenheit, sich erstmals nach zehn Jahren wieder für eine EM-Endrunde zu qualifizieren. Im abschließenden Turnierspiel vor 6000 Zuschauern gegen Gastgeber Türkei musste nur noch ein Sieg her. Die vom Göttinger Terry Schofield gecoachte DBB-Auswahl führte elf Sekunden vor Schluss auch 65:63, als der Türke Kunter an die Freiwurflinie schritt. Kunter traf den ersten Freiwurf zum 64:65. Den zweiten zum möglichen Ausgleich wollte Schwarz im Bild festhalten. Er eilte von seinem Sitzplatz hinter den Korb und drückte auf den Auslöser, als sich der Türke auf den Wurf vorbereitete. Kunter war durch den Blitz derart irritiert, dass er den Ball an den Ring setzte. Die Menge tobte und hatte es auf den vermeintlichen Übeltäter aus Deutschland abgesehen. Schwarz wurde von aufgebrachten Türken eingekeilt, beschimpft und bespuckt. Einige droschen sogar mit Fahnen auf den Frankfurter ein und wollten ihm den Film aus der Kamera reißen. Der als Delegationsleiter nach Istanbul mitgereiste Ex-Bundestrainer Yakovos Bilek, ein gebürtiger Türke, hörte Schwarz' Hilferufe. Durch die Katakomben verhalf er dem Reporter zur Flucht aus der Halle. Schwarz' „Vaterlands-Dienst" hatte sich jedenfalls gelohnt: Dank des Ein-Punkt-Sieges fuhr die Nationalmannschaft zur EM-Endrunde in die Tschechoslowakei.

Qualifikation teuer bezahlt

Überragender Centerspieler im deutschen Team war damals Kölns Center-„Denkmal" Klaus Zander (142 Länderspiele). Der 2,10-Meter-Hüne musste den Erfolg in der Türkei allerdings teuer bezahlen:

Nach der Rückkehr in die Heimat rasselte er, ermüdet durch die Belastung von fünf Spielen in fünf Tagen, durch die Zwischenprüfung seines Sportlehrer-Studiums. Erst ein halbes Jahr später im zweiten Anlauf war Zander erfolgreich.

Eine Nacht im Krankenhaus

In unguter Erinnerung hat Zander auch die Europameisterschaft 1983 in den französischen Städten Caen und Nantes. Nach dem 77:70-Sieg gegen Israel, bei dem er immerhin 14 Punkte erzielte, stellte ihm ein Fernseh-Reporter die Frage: „Herr Zander, warum waren Sie heute so schlecht?“ Der Angesprochene (Charakter: harte Schale, weicher Kern) nahm sich diese Sache so sehr zu Herzen, dass er in der Nacht mit einem akuten Magengeschwür ins Krankenhaus von Caen eingeliefert werden musste und für die beiden Endrundenspiele in Nantes ausfiel.

Aus Protest: Bundestrainer reist ab

Zu einem Drei-Länder-Turnier mit Gastgeber Japan und Frankreich verschlug es die deutsche Mannschaft im Juli 1982 ins Land der aufgehenden Sonne. Nach zwei von vier Spielen flog Bundestrainer Terry Schofield jedoch plötzlich zurück nach Hause. Der Amerikaner, bekennender Tierfreund und Sammler von Plüschtieren aller Art, wollte damit seinen Unmut gegen die japanische Walfangpolitik zum Ausdruck bringen. Nur der Turniersieg, den Assistent Torry Schober einfuhr, hielt DBB-Präsident Anton Kartak von einem sofortigen Rauswurf Schofields ab. Trotzdem waren es seine letzte Spiele an der deutschen Bande: Schofield verlängerte seinen zum Ende des Kalenderjahres auslaufenden Vertrag nicht.

DDR obenauf

Ebenso wie im Fußball fällt der deutsch-deutsche Vergleich mit der ehemaligen DDR für die Bundesrepublik negativ aus. Während es bei den Balltretern nur ein Spiel zwischen den beiden lange Zeit getrennten deutschen Staaten gab (0:1 bei der WM 1974), standen sich im Basketball die Teams aus dem Westen und Osten zwischen April

1960 und Mai 1973 sechsmal gegenüber (es waren Begegnungen, die sich aus „amtlichen“ Gründen ergaben). Erst im sechsten und letzten Duell im Rahmen der EM-Qualifikationsrunde in der Wiener Stadthalle gab es den ersten und einzigen Sieg der DBB-Auswahl: Die Mannschaft um Holger Geschwindner, Dietrich Keller und Norbert Thimm gewann 76:72.

Finalteilnahme leichtfertig verspielt

Ein schwerwiegender und anfängerhafter Coaching-Fehler von Bundestrainer Henrik Dettmann kostete der Nationalmannschaft bei der EM 2001 in der Türkei die Teilnahme am Finale. Der Siegeszug der DBB-Korbjäger um NBA-Star Dirk Nowitzki hatte in der Heimat eine zuvor ungekannte Basketball-Euphorie ausgelöst – die Riesen schafften es sogar auf die Titelseite der Bild-Zeitung – und dem Deutschen Sport-Fernsehen (DSF) rekordverdächtige Einschaltquoten beschert. Auch im Vorschlussrundenspiel im ohrenbetäubenden Lärm des mit 10 000 fanatischen Zuschauern ausverkauften Sportpalastes in Istanbul gegen Gastgeber Türkei sah das deutsche Team angesichts einer 70:67-Führung fünf Sekunden vor Schluss wie der sichere Sieger aus. Anstatt jedoch einen der türkischen Spieler bei deren letztem Angriffszug mit einem taktischen Foul zu stoppen (die Gastgeber hätten durch die fälligen Freiwürfe maximal auf 69:70 verkürzen können, und Deutschland wäre wieder im Ballbesitz gewesen), ließen sie diese jedoch gewähren und Hidayet Türkoglu glich mit einem Dreier zum 70:70 aus. Dem nicht genug: In der Verlängerung erzielte der gleiche Spieler mit der Schlusssirene die Sieg bringenden Punkte zum 79:78-Endstand. Das beste Abschneiden nach dem EM-Gewinn 1993 war für die deutschen Spieler nur ein schwacher Trost.

Rasche Einbürgerung

Das gleiche Turnier erlebte den ungewöhnlichsten Auftritt eines Spielers in der Nationalmannschaft. Im NBA-Team des deutschen Profis Dirk Nowitzki, den Dallas Mavericks, wurden die DBB-Verantwortlichen auf Shawn Bradley aufmerksam. Der Centerspieler imponierte nicht nur wegen seiner Körpergröße von stattlichen 2,29 Meter, sondern wurde 29 Jahre zuvor als Sohn eines US-amerikanischen Vaters und einer deutschen Mutter im amerikanischen Militär-Stützpunkt in Landstuhl geboren, und besaß deshalb realistische Aussichten auf einen deutschen Pass. Das Einbürgerungsverfahren wurde zügig abgeschlossen, so dass Bundestrainer Dettmann den Hünen bereits bei der EM einsetzen konnte. Bradleys Gastspiel wurde jedoch zum Flop und brachte nichts als Ärger ein: Mit durchschnittlich 4,8 Punkten pro Partie war der Schlaks eine einzige Enttäuschung; zudem musste für ihn der bis dahin überragende Aufbauspieler Vladimir Bogojevic aus dem Team weichen, da nur ein einziger eingebürgerter Spieler pro Team erlaubt war. Bogojevic erklärte daraufhin frustriert seinen Rücktritt aus dem Nationalteam, und auch Bradley fand nach der EM nie mehr Berücksichtigung.

4 Herrlich verrücktes Europa

Anfang des 20. Jahrhunderts fanden auch die Europäer zusehends Gefallen an der schnellen und variantenreichen Hallensportart. In der Nachkriegszeit erfreute sich die Korbjagd vor allem in den südeuropäischen Ländern Italien, Spanien und Griechenland immer größer werdender Beliebtheit. Aber nicht alles lief und läuft dort reibungslos …

Spanien I: Basketball in Stierkampfarena

Eine weitaus längere Tradition als der Basketball besitzt in Spanien der Stierkampf. Bereits seit dem Mittelalter fiebern tausende Zuschauer auf den Tribünen beim umstrittenen Kampf zwischen Tier und Torero mit. Seit 2001 nutzen die Basketballer von Estudiantes Madrid sogar eine Stierkampfarena als Spielstätte: Der beliebte und traditionsreiche Hauptstadt-Klub trägt seine Heimspiele in dem für Basketball umgerüsteten Palacio Vistalegre aus. 15000 Zuschauer sorgen für einen Geräuschpegel von rund 130 Dezibel, vergleichbar mit einem Presslufthammer oder einer Kettensäge. Kölns Manager Stephan Baeck machte bei einem Europapokal-Gastspiel aber weniger der Lärm, als vielmehr die Rahmenbedingungen zu schaffen: „Es war abenteuerlich", sagte Baeck. „Die Halle war sandig und staubig."

Spanien II: Der erste deutsche Legionär

Norbert Thimm war der erste deutsche Auslands-Legionär. Bei der Europameisterschaft 1971 in Essen spielte sich der Center von TuS 04 Leverkusen ins Blickfeld von Real Madrid, das ihn am liebsten sofort verpflichtet hätte. Jedoch erst im folgenden Jahr entschloss sich der 2,05-Meter-Hüne zu einem Wechsel zum königlichen Klub. Zu einem Einsatz in der Primera Division reichte es für Thimm trotzdem nicht. Der spanische Verband hatte wegen der schwachen Leistungen der Nationalmannschaft eine Ausländersperre eingeführt, und der Deutsche wurde lediglich im Europapokal der Landesmeister eingesetzt.

Nach einer Saison in der spanischen Hauptstadt kehrte Thimm 1973 nach Leverkusen zurück – das Bosman-Urteil kam für ihn 23 Jahre zu spät.

Europaliga ohne Spiel

Große Pläne hatten amerikanische Investoren, die Mitte der siebziger Jahre als Gegenstück zur NBA die Europäische Profi-Basketball-Liga (kurz EPBL) mit zunächst fünf Teams installieren wollten. Als deutsche Mannschaft war ein Retortenteam namens Munich Eagles vorgesehen, weitere Standorte waren in Belgien, der Schweiz, Spanien und Israel geplant. 500 000 Dollar investierten die Amerikaner in das ehrgeizige Projekt, das ohne ein einziges Spiel mit einer totalen Pleite endete.

Italien I: Ein Verein, drei Namen

In Deutschland hat man sich an schief klingende Vereinsnamen wie New Yorker Phantoms Braunschweig oder Deutsche Bank Skyliners Frankfurt gewöhnt – als Verbeugung vor dem Geldgeber sind sich die Klubs offenbar für nichts zu schade. Aber was sollen erst die italienischen Fans sagen? Dort spielen oder spielten Teams mit Namen wie Whirlpool Varese, Kinder Bologna, Aeroporto di Roma, Climamio Bologna oder – benannt nach einer Internetadresse – navigo.it Teramo. Besonders toll trieb es in der Saison 2005/06 der Klub aus Reggio Emilia: Der ging gleich unter drei verschiedenen Namen an den Start. Die Amateur- und Nachwuchsteams starteten unter dem eigentlichen Vereinsnamen Pallacanestro Reggiana. In der nationalen Liga nahm der Klub unter dem Namenspatronat eines ortsansässigen Bankunternehmens als Bipop Carire Reggio Emilia teil. Auf internationaler Bühne, im ULEB-Cup, ging die Mannschaft, gesponsort vom gleichnamigen Systemkomponentenhersteller, als Landi Renzo Reggio Emilia ins Rennen.

Italien II: FIAT-Boss streicht Basketball

Warum gibt es in Turin, mit rund 900 000 Einwohnern immerhin drittgrößte Stadt Italiens und eines der größten Industriezentren des basketballbegeisterten Landes, keinen höherklassigen Basketball? Ganz einfach: 1978, ein Jahr vor Ausrichtung der Europameisterschaft in der Hauptstadt des Piemont, strich Gianni Agnelli, Boss des in Turin ansässigen FIAT-Konzerns, die Korbjagd ersatzlos aus seinem Sponsoring-Portfolio. Agnelli reagierte damit auf die Krise auf dem Automobilmarkt, die rund 15 000 FIAT-Mitarbeitern den Arbeitsplatz kostete. Die Öffentlichkeit hätte wenig Verständnis für sportliches Mäzenatentum auf Kosten der sozialen Sicherheit zahlreicher Familien gehabt. Auch der von FIAT finanzierte Nationaltrainer Arrigoni wurde entlassen. Einige Jahre hielt sich der Klub noch in der „Serie A", ehe er kapitulierte. Nur die Unterstützung für Fußball-Klub Juventus Turin blieb (bis heute) erhalten.

Das kürzeste Europokal-Spiel

Das kürzeste Spiel im Rahmen der zahlreichen europäischen Vereinswettbewerbe erlebten die Zuschauer am 30. Oktober 1975 in der Hagener Ischeland-Halle. Nur 8:15 Minuten standen im Korac-Cup-Spiel zwischen dem gastgebenden SSV Hagen und dem französischen Klub Olympique Antibes auf der Anzeigetafel, als der amerikanische Centerspieler der Franzosen, Mike Harper, bei einem kraftvollen Dunking das Plexiglasbrett in tausend Scherben zerspringen ließ. Das eifrige Hallenpersonal versuchte, ein Reservebrett einzusetzen, als das Unheil geschah: Dieses fiel aus der Verankerung und zerbrach, noch ehe der erste Ball darauf geworfen worden war. Der Weltverband FIBA entschied am „grünen Tisch": Spielverlust für Hagen.

Griechenland I: Dirk Bauermann und der Colt

Andere Länder, andere Sitten – das dachte sich auch der heutige Bundestrainer Dirk Bauermann bei seinem Kurzzeit-Engagement beim griechischen Erstligisten Dafni Athen in der Saison 2001/02. Weil dessen Präsident und Geldgeber unzufrieden mit den Einsatzzeiten bestimmter Spieler war, zitierte er Bauermann zum Rapport in sein Büro. Es entwickelte sich ein verbaler Schlagabtausch und schon nach wenigen Minuten gingen Bauermann die Argumente aus: Um seiner Meinung Nachdruck zu verleihen, hatte der Dafni-Präsident eine Pistole aus der Schublade gezogen und diese ausdrucksvoll auf seinen Schreibtisch gelegt. Eine Woche später wurde Bauermann beurlaubt.

Griechenland II: Tim Nees und der Kühlschrank

Relativ angetan von seinem neuen Arbeitgeber war der damalige Nationalspieler Tim Nees nach seinem Wechsel zu Aris Saloniki im August 2000 – zumindest anfangs. Neben einem üppigen Gehalt und gutem Wetter erwartete ihn in seinem neuen Appartement in der griechischen Hafenstadt auch ein gut gefüllter Kühlschrank. Ein genauerer Blick auf den Inhalt änderte seine Meinung jedoch rasch um 180 Grad: Es handelte sich nicht etwa um ein Begrüßungsgeschenk der Aris-Vereinsführung, sondern um übrig gebliebene und längst verschimmelte Lebensmittel des vier Monate zuvor ausgezogenen Vormieters. Scheinbar um für einen eventuellen Kälteeinbruch in Griechenland vorzusorgen, waren auch die Kleiderschränke prall gefüllt, deren Inhalt dem 2,10 Meter langen Centerspieler größenbedingt aber nicht wirklich von Nutzen waren. Auf Nachfrage bei der Vereinsführung bekam Nees die Antwort, er solle „nicht so deutsch" reagieren und die Sachen doch einfach beiseite räumen. Nees zog es dann doch vor, lieber in eine leere Wohnung umzuziehen …

Griechenland III: Rückflug selbst bezahlt

Das Leben im vermeintlichen Drachmen-Paradies Griechenland hatte sich der deutsche Nationalspieler Stephen Arigbabu anders vorgestellt, als er 1988 zum Athener Stadtteil-Klub Papagou wechselte. Schon nach kurzer Zeit liefen die Gehaltszahlungen nur noch schleppend. Zahlreiche Spieler verließen deshalb den Verein, der danach im Tabellenkeller herumkrebste und letztlich abstieg. Den Höhepunkt von Papagous desaströser Finanzpolitik erlebte Arigbabu vor dem Auswärtsspiel bei Iraklis Saloniki. Entgegen sonstiger Gepflogenheiten trat das Team die Reise nicht per Charter-Flieger, sondern in einem klapprigen Bus ohne funktionierende Klimaanlage an (der Klub hatte die Rechnungen der Fluggesellschaft nicht gezahlt). Bei brütender Hitze acht Stunden Fahrt quer durchs Land. Die Hinreise machte Arigbabu noch mit, für die Rückkehr nach Athen nahm er ein Linien-Flugzeug. Das Ticket zahlte er aus eigener Tasche.

Ungewöhnliches bei Eurosport: Farbige Basketballer

Als erster privater Fernsehsender entdeckte Ende der achtziger Jahre Eurosport seine Liebe zum Basketball. Der paneuropäische Spartenkanal kaufte damals Liverechte und Aufzeichnungen, was das Zeug hielt, ungeachtet deren sportlichen Stellenwerts. Als Eurosport-Mann Ralph Fürther eine Basketball-Partie kommentieren sollte, konnten ihm die Programmverantwortlichen nicht einmal sagen, welche Mannschaften sich auf dem Parkett gegenüber standen. Die einzige Auskunft, die der Kommentator von den Programmverantwortlichen zur Vorbereitung auf die Übertragung erhielt, war an und für sich nichts Besonderes: „Es spielen auch Farbige mit.“

5 Herrlich verrückte NBA

Die nordamerikanische National Basketball Association (kurz NBA) mit 29 Teams aus den USA und einem aus Kanada ist die weltweit mit Abstand stärkste und populärste Basketball-Liga. Dabei entstand die Liga einst nur als Notlösung: 1946 suchten die Besitzer und Betreiber von Sportarenen, die ihr Geld hauptsächlich mit Eishockey und hier vor allem der NHL verdienten, nach einer Möglichkeit, für eine bessere Auslastung ihrer Hallen und damit einer zusätzlichen Einnahmequelle zu sorgen, und hoben die professionelle Basketball-Liga aus der Taufe. Bis 1949 firmierte die Liga als Basketball Association of America (BAA), ehe sie nach der Fusion mit der National Basketball League (NBL) anno 1949 ihren heutigen Namen erhielt. Seither sorgte die Liga für so manches Kuriosum …

Herrlich verrückte Zwischenfälle

Zerbrochener Korb

Bostons Center Chuck Connors ging im November 1946 als erster Spieler in die Liga-Annalen ein, der eine Korbanlage zerstörte: Beim Aufwärmen vor dem Heimspiel gegen die Chicago Stags zerbrach das Brett in tausend Einzelteile. Connors, der später als Baseball-Profi und Schauspieler landesweiten Ruhm erreichte (siehe Kapitel „Herrlich verrückte Allrounder"), schaffte dies jedoch nicht, wie allgemein überliefert, durch einen Dunking, sondern durch einen ganz normalen Sprungwurf. Das Hallenpersonal hatte schlicht und einfach vergessen, die Schrauben zwischen Brett und Korbanlage festzuziehen.

Zerplatzter Ball

Den wohl ungewöhnlichsten Unfall erlebte Frank Andresko von den Oshkosh All-Stars aus der NBA-Vorläuferliga NBL im Winter 1929/30: Der Aufbauspieler wurde an die Wand geschleudert und sein Trikot zerriss, als der viel zu hart aufgepumpte Lederball während eines Dribblings einfach platzte.

Pizza auf der Bank

Vom Heißhunger befallen war Chicagos Aufbauspieler Quintin Dailey während eines Auswärtsspiels bei den San Antonio Spurs im März 1985. Dailey instruierte einen der Balljungen, sich von einem der mitgereisten Zeitungsreporter aus Chicago fünf Dollar auszuleihen und ihm davon ein Stück Pizza zu kaufen. Der Junge tat, wie befohlen, und Dailey verspeiste die Pizza sehr zur Belustigung seiner Mannschaftskameraden und zum Erstaunen von Trainer Kevin Loughery auf der Ersatzbank.

Straßenschlacht mit Toten und Verletzten

Die Detroit Pistons mit „Enfant terrible" Dennis Rodman und „Raubein" Bill Laimbeer galten Ende der achtziger, Anfang der neunziger Jahre wegen ihrer rustikalen Spielweise als die „Bad Boys" (bösen Jungen) der Liga. Das Image traf aber nicht nur auf das Team zu, sondern auch auf die Fans. Bei der Siegesparade nach der Meisterschaft 1990 durch Downtown Detroit kam es zu Ausschreitungen, in deren Verlauf sieben Menschen getötet und Hunderte durch Pistolenschüsse, Messerstiche und Faustkämpfe verletzt wurden. 65 Randalierer wurden verhaftet, der entstandene Sachschaden ging in die Millionen.

Reminiszenz an Mookie Blaylock

Die aus Seattle stammende Rockband Pearl Jam ist eine der erfolgreichsten Gruppen der neunziger Jahre und heimste für ihre diversen Alben 26-mal Platin ein. Was kaum einer weiß: Der Bandname wurde aus der Not geboren. Ihre ersten Auftritte und Tourneen absolvierten die Musiker unter dem Namen Mookie Blaylock. Die Bandmitglieder um Frontmann Eddie Vedder waren allesamt Fans des kleinen Aufbauspielers der Atlanta Hawks (von 1989 bis 2002 in der NBA). Rechtliche Probleme zwangen die Band allerdings zu einer Namensänderung. Als Reminiszenz an Blaylock nannte die Band ihr Debütalbum „Ten", nach der Rückennummer des Spielers.

Nintendo und seine Folgen

Kurz nachdem er im Winter 1990/91 erstmals zum Spieler der Woche in der NBA gewählt worden war, musste Lionel Simmons für zwei Spiele seiner Sacramento Kings verletzungsbedingt passen. Der begeisterte Nintendo-Spieler hatte sich bei seinem Hobby eine Sehnenscheidenentzündung im Arm zugezogen und wurde vom Mannschaftsarzt krankgeschrieben.

Vom Pech verfolgt

Nach vierjähriger Pause auf Grund zahlreicher Knie-Operationen wagte Jeff Ruland im Herbst 1991 ein Comeback bei den Philadelphia 76ers. Dieses war aber nach nur 13 Spielen schon wieder vorbei. Als die 76ers nach dem Auswärtsspiel in Boston vor der Halle auf den Mannschaftsbus warteten, der sie zurück ins Hotel bringen sollte, rauschte ein Gepäckwagen in Rulands Beine. Der Centerspieler zog sich dabei einen Achillessehnenriss zu und fiel erneut für den Rest der Saison aus. Seine Verschwörungstheorie („Das war kein Zufall, der Wagen war viel zu schnell unterwegs.“) konnte Ruland niemals beweisen. 1993 beendete er endgültig seine Karriere.

Legendäres Trashtalk-Duell

Legendär war die Hass-Liebe zwischen Reggie Miller, Topscorer der Indiana Pacers, und Star-Regisseur Spike Lee, Edelfan der New York Knicks, in den neunziger Jahren. Bei den Pacers-Gastspielen im Madison Square Garden lieferten sich Miller und der direkt am Spielfeld in der ersten Zuschauerreihe sitzende Lee unvergessene Trashtalk-Duelle. Im fünften Play-off-Halbfinale 1994 eskalierte die Situation: Die beiden Exzentriker beschimpften sich 48 Spielminuten lang. Miller motivierte der verbale Kleinkrieg sichtlich: Im letzten Spielviertel erzielte er alleine 25 Punkte und warf die Pacers mit diesem Play-off-Rekord zu einem 93 : 86-Sieg. Trotzdem hatte Lee das Lachen am Ende auf seiner Seite: In einer dramatischen Serie setzten sich die Knicks in sieben Spielen durch und erreichten das Finale.

Den Trainer gewürgt und geschlagen

Das Verhältnis zwischen P. J. Carlesimo und Latrell Sprewell, Trainer bzw. Topscorer der Golden State Warriors, galt schon lange als gespannt. Anfang Dezember 1997 eskalierte es jedoch: Carlesimo forderte seinen Schützling auf, nicht so eigensinnig zu spielen und den Ball vermehrt zu besser positionierten Mitspielern zu passen. Sprewell gab zur Antwort, dass er nicht in der Stimmung für Tadel sei und der Trainer lieber ruhig sein solle. Als sich Carlesimo näherte, drohte Sprewell zunächst, ihn umzubringen, und würgte ihn anschließend eine halbe Minute lang, ehe er von Mitspielern gestoppt werden konnte. Damit nicht genug: 20 Minuten später kehrte der Übeltäter noch einmal in die Halle zurück und versetzte Carlesimo einen Faustschlag. Sprewell wurde von den Warriors ohne Lohnfortzahlung für den Rest der Saison gesperrt und anschließend an die New York Knicks verkauft.

Kobe Bryants Doppelbelastung

Im Winter 2003/04 musste sich Kobe Bryant in einem Vergewaltigungsprozess in Eagle County/Colorado verantworten. Eine Hotelangestellte bezichtigte den Lakers-Star, dass er sich während einer Auswärtsreise seines Teams an ihr sexuell vergangen habe. Wegen des Prozesses – die Anklage forderte 20 Jahre Freiheitsentzug – fehlte Bryant in der kompletten Vorbereitung der Lakers und pendelte während der Saison wochenlang mit einer Privatmaschine täglich zwischen Los Angeles und Colorado hin und her. Der enorme psychische Druck und Reisestress hielten ihn nicht davon ab, im Heimspiel gegen die Seattle Supersonics mit zwölf erfolgreichen Drei-Punkte-Würfen, davon neun hintereinander, einen neuen NBA-Rekord aufzustellen. Am Saisonende war er mit durchschnittlich 24 Punkten einer der besten Schützen der Liga. Der Prozess endete wie das bekannte Hornberger Schießen: Die Hotelangestellte zog ihre belastende Aussage zurück.

Autogramme vom Superstar

Und noch mal der möglicherweise beste Basketballer der Gegenwart: Ende Januar 2006 erzielte Bryant im Spiel gegen die Toronto

Raptors mit 81 Punkten die zweithöchste, jemals in der NBA erreichte Punktzahl (nach den 100 Punkten von Wilt Chamberlain 44 Jahre zuvor). Die Augenzeugen in der Halle staunten nicht schlecht: Nach Spielende war Bryant mehrere Minuten damit beschäftigt, ausgedruckte Spielstatistiken für Mit- und Gegenspieler zu unterschreiben.

Wild West in Detroit

Der größte Skandal der Neuzeit ereignete sich im November 2004 im Palace of Auburn Hills, der Heimspielstätte der Detroit Pistons: Eine Minute vor Spielende, nach einem Foul gegen Detroits Ben Wallace, legte sich Gästespieler Ron Artest von den Indiana Pacers provozierend auf den Anschreibetisch (!) und stellte sich tot. Nachdem jedoch ein angetrunkener Fan einen gefüllten Bierbecher auf ihn warf, wachte Artest auf, rannte auf die Tribüne und prügelte wie besessen auf den Störenfried ein. In der Halle kam es zu Wild-West-Szenen, in deren Verlauf sich auch Indianas Jermaine O'Neal und Stephen Johnson mit Zuschauern knüppelten, während von den Rängen Bier, Popcorn und sogar ein Klappstuhl Richtung Pacers-Spieler flogen. Neun Spieler wurden von den Schiedsrichtern disqualifiziert, die Liga sprach insgesamt 143 Spiele Sperre aus. Artest, Auslöser der unschönen Szenen, traf es am härtesten: Er wurde für 72 Spiele und damit den Rest der Saison gesperrt – Rekord in der NBA-Geschichte.

Irre Fans, Teil 1

Welcher NBA-Klub hat eigentlich die irrsten Fans der Liga? Die lautstärksten sitzen in der Arco Arena in Sacramento, wo bei einer Messung einst knapp 120 Dezibel, vergleichbar mit dem Start eines Düsenjets, gemessen wurden. Die verrücktesten waren aber wohl Robin Ficker aus Washington und Barry Bremen aus Michigan. Ficker, zwischen 1984 und 1997 Dauerkartenbesitzer bei den Washington Bullets, hatte die Vorliebe, die gegnerischen Spieler sorgfältig nach deren Schwächen zu analysieren und anschließend mit ständigen Zwischenrufen über ein mitgebrachtes Megaphon zu zermürben. Nicht selten verloren die derart Verunglimpften die Fassung: So kam es schon mal vor, dass Michael Jordan mit dem Ball oder Isiah Thomas mit einem Schuh nach ihm warfen, oder die Spieler der Golden State Warriors mit ihren Gatorade-Flaschen in seine Richtung spritzten. Utahs entnervter Coach Frank Layden musste sogar von Ordnern davor abgehalten werden, auf die Tribüne zu rennen und Ficker zu verprügeln. 1993 engagierte Charles Barkley den Störenfried für die NBA-Finalspiele seiner Phoenix Suns gegen die Chicago Bulls, um hinter der Bank des Gegners Platz zu nehmen. 1997, als die NBA derartige verbale Einflussnahme der Zuschauer aufs Spielgeschehen untersagte, stornierte Ficker seine Dauerkarte.

Irre Fans, Teil 2

Das bevorzugte Tätigkeitsgebiet von Barry Bremen waren indes die All-Star-Games. 1979 schaffte es der Jurist aus Michigan, sich vor dem Spiel im Pontiac Silverdome in Detroit in einem Trainingsanzug der Kansas City Kings an den Ordnern vorbei aufs Feld zu schmuggeln und mit den Stars aus dem Osten und Westen das komplette Aufwärmprogramm zu absolvieren. Das gleiche Kunststück gelang ihm 1981 beim All-Star-Game in Richfield/Ohio im Outfit der Houston Rockets. Bei den US Open der Golfer 1979 schlug er neun Trainingslöcher mit den Profis, nachdem er sich vor dem Greenkeeper als Teilnehmer ausgegeben hatte. Und vor dem All-Star-Game der Baseball-Profiliga MLB warf er sich mit Outfielder Fred Lynn warm. Weniger erfolgreich war er 1980 beim All-Star-Game der Football-Liga NFL und bei seinem Gast-Auftritt als Cheerleader der Dallas Cowboys: Beide Male wurde vor dem Gang aufs Spielfeld enttarnt.

Herrlich verrückte Spieler

Abgesehen von Detlef Schrempf und Dirk Nowitzki hielt sich der deutsche Einfluss auf die NBA bisher in Grenzen. Die Versuche von Uwe Blab, Christian Welp, Hansi Gnad oder zuletzt Ademola Okulaja, in der

Liga Fuß zu fassen, endeten ebenso jäh wie frühzeitig. Umso erstaunlicher ist die Tatsache, dass der allererste Korb in der NBA-Historie deutsche Wurzeln hat. Ossie Schechtman trug sich am 1. November 1946 beim Spiel zwischen seinem Verein, den New York Knickerbockers, und den Toronto Huskies mit einem erfolgreichen Korbleger in die Annalen ein. Schechtman, der nur diese eine Saison in der NBA spielte, war, wie es der Name vermuten lässt, Nachfahre deutscher Auswanderer und hieß ursprünglich Oskar Schechtmann.

Der blinde Bomber

Center George Glamack ging als der „blinde Bomber" in die Liga-Annalen ein. Glamacks Sehkraft litt unter derart starker Kurzsichtigkeit, dass er aus wenigen Metern Entfernung nicht einmal die Körbe erkannte. Da er beim Spielen eine Brille ablehnte, orientierte er sich an den Linien auf dem Spielfeld, wie hart und weit er den Ball werfen musste. Trotz derart beeinträchtigter Sehkraft spielte Glamack vier Saisons, von 1946 bis 1949, in der NBA.

Doppeljob in Boston

Tony Lavelli, zwischen 1949 und 1951 als durchschnittlich begabter Flügelspieler bei den Boston Celtics und New York Knickerbockers tätig, sorgte während seines Engagements bei den Celtics für Abwechslung in den Halbzeitpausen. Lavelli ruhte sich bei den Heimspielen im legendären Boston Garden nicht mit seinen Mannschaftskollegen in der Kabine von den Strapazen der ersten Spielhälfte aus, sondern betätigte sich bei zwölf Heimspielen als Entertainer und spielte zur Unterhaltung der Zuschauer Akkordeon (später schloss sich Lavelli den Harlem Globetrotters an). Die NBA zahlte ihm 125 Dollar pro Auftritt. Einmal, gegen die Minnesota Lakers, motivierte ihn der musikalische Auftritt zu einer Karrierebestleistung von 26 Punkten.

Telefonbuch auswendig gelernt

Offenbar nicht ausgelastet mit seiner Basketball-Karriere fühlte sich auch Jerry Lucas, in den sechziger und Anfang der siebziger Jahre legendärer Centerspieler, unter anderem bei den New York Knickerbockers. Während seines Engagements im „Big Apple“ versuchte er, die ersten 500 Seiten des New Yorker Telefonbuchs auswendig zu lernen. Ob Lucas bei seinem ungewöhnlichen Zeitvertreib erfolgreich war, wurde nicht überliefert.

Soldat auf Abruf

Mit einem Karriereschnitt von 27,4 Punkten zählt Lakers-Legende Elgin Baylor zu den offensivstärksten Spielern der NBA-Geschichte. 1961 konnte ihn selbst der Wehrdienst nicht von Topleistungen abhalten: Während der durch den Bau der Berliner Mauer angespannten Situation im „Kalten Krieg“ mit der ehemaligen Sowjetunion war der Flügelspieler ein halbes Jahr lang als Soldat auf Abruf in Fort Lewis/ Washington stationiert. Baylor konnte die Lakers nur verstärken, wenn er am Wochenende Ausgang erhielt. Dies hielt ihn nicht davon ab, durchschnittlich 38,4 Punkte pro Partie zu erzielen – Baylor war damit hinter Wilt Chamberlain (40,2) bester Korbschütze der Liga.

In allen Belangen ein Star

Wilt Chamberlain dominierte die NBA in den sechziger Jahren in einer Manier, wie sie die Liga bis dahin nicht kannte und danach auch nie mehr erlebte. Der 2,16-Meter-Hüne war seinen Gegnern in allen Belangen überlegen und der offensivstärkste Spieler in der Geschichte der Liga. Unvergessen ist Chamberlains 100-Punkte-Spiel am 2. März 1962 für die Philadelphia Warriors gegen die New York Knickerbockers (und das lange vor Einführung des Drei-Punkte-Wurfes). Neben einer für seine Körpergröße geradezu filigranen Beweglichkeit und Schnelligkeit zeichnete ihn vor allem seine unbändige Kraft aus. Nach Ende seiner Basketball-Karriere plante Chamberlains Management sogar einen Box-Kampf gegen Muhammad Ali, der allerdings nie zustande kam. Dafür schlug er nach eigenen Angaben bei den Dreharbeiten zum Film „Conan der Zerstörer“ 1984 Hauptdarsteller und Ex-Mister-Universum Arnold Schwarzenegger im Bankdrücken. Angeblich stemmte Chamberlain 225 Kilogramm. Legendär ist auch eine Rauferei während eines NBA-Spiels, in die Chamberlain schlichtend eingriff, in dem er seinen 120 Kilogramm schweren Mitspieler Bob Lanier einfach schulterte und davontrug. Seine Fitness behielt der NBA-Star bis ins hohe Alter: Noch mit über 60 Jahren lief er einen Marathon auf Hawaii.

Superstars zum Spartarif

Trotz seiner herausragenden sportlichen Leistungen musste sich Chamberlain, von 1960 bis 1966 siebenmal hintereinander Topscorer der Liga, selbst zu seiner besten Zeit mit einem bescheidenen Jahreseinkommen zufrieden geben. Als er im Sommer 1965 bei den Philadelphia 76ers einen Vertrag über 100 000 Dollar unterschrieb, kam dies einer Revolution gleich. Sein Pendant und Erzrivale Bill Russell, Superstar der Boston Celtics, forderte daraufhin von seinem Klub einen Vertrag über einen Dollar mehr. Zum Vergleich: Als im April 2000 bei einer Auktion der Lederball aus Chamberlains legendärem 100-Punkte-Spiel versteigert wurde, brachte allein dieser einen Erlös von über 550 000 Dollar ein.

Riesiger Afro-Look

In den offiziellen NBA-Statistiken wird Artis Gilmore, von 1976 bis 1988 in der NBA tätig und mit 59,9 Prozent Trefferquote aus dem Feld sicherster Schütze der Liga-Historie, mit einer Körpergröße von 2,18 Metern geführt. Für seine Gegenspieler war der Center jedoch 2,30 Meter groß und damit ein noch kolossaleres Hindernis als ohnehin schon. Der Grund: Gilmore trug, entsprechend der Mode der siebziger Jahre, seine Haare in einem Afro-Look. Und der war nicht weniger als 12 Zentimeter hoch.

Ehrgeiz angestachelt

In den siebziger Jahren war Julius Erving der Star in der Liga. Wegen seiner unmenschlichen Sprungkraft wurde der groß gewachsene Flügelspieler der Philadelphia 76ers als „Dr. J" verehrt. Im Winter 1976/77 wurde sein Ehrgeiz auf eine besondere Art und Weise angestachelt: Mannschaftskameraden erzählten Erving, dass es in Louisville/Kentucky einen jungen High-School-Absolventen gäbe, der als Einziger einen beidhändigen Dunking nach einer Drehung um die eigene Körperachse machen könne. „Dr. J." ließ sich das nicht zweimal sagen: Er hob einen Ball vom Boden, nahm ein paar Schritte Anlauf und führte das beschriebene Kunststück am Korb perfekt aus. Ervings trockener Kommentar: „Jetzt können es eben zwei."

Rückennummer beibehalten

Nach seinem Wechsel zu den Houston Rockets im Sommer 1979 pochte Superstar Rick Barry auf seine gewohnte Rückennummer 24, die ihn die vielen Jahre in der NBA begleitet hatte. Die war jedoch bereits an Moses Malone, den anderen Superstar im Team, vergeben. Durch einen Trick kam Barry trotzdem zu seiner Wunschnummer: Bei Heimspielen trug er die 2, bei Auswärtsspielen die 4 auf dem Rücken.

Zwei Jahre Pause

Mit einer jeweils ungewöhnlichen Vorgeschichte starteten David Robinson 1989 und Shawn Bradley vier Jahre später ihre NBA-Karriere. Robinson wurde von den San Antonio Spurs bereits 1987 gedraftet, musste allerdings zwei Jahre auf seinen ersten Einsatz warten. Er hatte sich nämlich für fünf Jahre bei der US-Navy verpflichtet. Drei Jahre wurden ihm nach zunehmendem öffentlichen Druck erlassen. Die offizielle Begründung: Auf Grund seiner Körpergröße von 2,16 Meter könne Robinson nicht alle Stationen der Ausbildung (unter anderem in engen U-Booten) durchlaufen. Allerdings stand er die ersten drei Jahre seiner NBA-Karriere auf Abruf bereit und musste während der Sommerpause immer wieder zu Lehrgängen einrücken. Bradley setzte vor seinem ersten NBA-Spiel ebenfalls zwei Jahre mit dem Basketball aus. Der gläubige Mormone ging auf Mission und bereiste die gesamte Erde. Diese Art der Vorbereitung konnte die Philadelphia 76ers nicht davon abhalten, den 2,29-Meter-Schlaks als Nummer zwei zu draften.

Miserable Freiwurfschützen

Shaquille O'Neal gilt heute als Synonym eines miserablen Freiwerfers: Steht der 2,16-Meter-Koloss an der Linie, gleicht dies einem Drama. Basketball-Ästheten und Trainern stehen auf Grund seiner hilflosen Wurftechnik die Haare stets zu Berge. Verglichen mit Chris Dudley ist O'Neal aber noch ein Scharfschütze: Bei der 113:124-Niederlage seiner New Jersey Nets gegen die Indiana Pacers im April 1990 verwarf der 2,11-Meter-Center nicht weniger als 17 seiner 18 Freiwurf-Versuche, davon 13 hintereinander und ein Airball. Selbst die Schiedsrichter hatten bei so viel Unvermögen Mitleid: Referee Dick Bavetta klopfte Dudley aufmunternd auf die Schulter. Nicht viel besser stellte sich im November 1971 Garfield Smith an: Beim 140:121-Sieg seiner Boston Celtics gegen die Phoenix Suns vollbrachte er das Kunststück, von der Freiwurflinie drei Airballs, also einen Wurf ohne Ringberührung, hintereinander zu produzieren.

Experten eines Besseren belehrt

Die meisten Experten glaubten an einen Fehlgriff, als sich im Draft 1993 die Washington Bullets die Transferrechte an Gheorghe Muresan sicherten. Sie bescheinigten dem 2,31-Meter-Hünen aus Rumänien fehlende Schnelligkeit für die NBA. Sie sollten sich irren: Zwei Saisons, 1995/96 und 1996/97, war Muresan der statistisch sicherste Schütze in der gesamten Liga – vor Superstars wie Michael Jordan oder Houstons Hakeem Olajuwon. Die Trefferquote für Muresans Treffsicherheit war ebenso logisch wie simpel: Er nahm seine Wurfversuche nur in unmittelbarer Nähe des Korbs oder stopfte die Bälle gleich per Dunking ein.

Nationalhymne boykottiert

Mahmoud Abdul-Rauf, vor seiner Konvertierung zum Islam als Chris Jackson bekannt, sorgte während seiner Zeit in der NBA (von 1990 bis 2001) aus zweierlei Gründen für Aufsehen: Zum einen war er trotz seiner Erkrankung am Tourette-Syndrom, einer Störung des Nervensystems (dabei werden unwillkürliche, rasche, meistens plötzlich einschießende und mitunter sehr heftige Bewegungen verursacht), einer der besten Spielmacher der Liga. Zum anderen boykottierte er in der Saison 1995/96 die US-Nationalhymne. Statt sich vor Spielbeginn, wie von der Liga vorgeschrieben, mit seinen Teamkollegen beim Abspielen der Hymne in Reih und Glied aufzustellen, nahm er auf der Ersatzbank Platz. Abdul-Rauf behauptete, dass es ihm sein Glaube verbiete, die US-Flagge und Hymne anzuerkennen, weil diese eine moderne Form der Tyrannei symbolisieren würden. Nach einem Dutzend Spielen hatte die NBA genug: Sie sperrte den Revoluzzer ohne Lohnfortzahlung. Eine Maßnahme, die raschen Erfolg hatte. Nach zweitägiger Bedenkzeit änderte Abdul-Rauf seine Meinung und stellte sich mit den anderen zur Hymne auf.

Schreibfehler in der Geburtsurkunde

Seit 1996 ist der für NBA-Verhältnisse mit 1,88 Metern eher klein gewachsene New Yorker Stephon Marbury einer der spektakulärsten Spielmacher in der NBA. Trotzdem haben Fans und Medien noch immer Probleme mit der ungewöhnlichen Schreibweise seines Vornamens. Diese beruht auch auf einem einzigen Irrtum: Eigentlich sollte Marbury mit Vornamen Stephen heißen, doch seine Mutter Mabel ist Legasthenikerin und schrieb den Namen in der Geburtsurkunde falsch.

Der Rekordmann – eine Jungfrau

1192 Spiele in Folge wurde A. C. Green zwischen November 1986 und seinem Karriereende im April 2001 in der NBA eingesetzt, ohne auch nur ein einziges wegen Verletzung, Sperre oder Formschwäche zu verpassen – ein Rekord für die Ewigkeit. Die Kraft für dieses Durchhaltevermögen schöpfte der ehemalige Lakers-Star möglicherweise aus seiner asketischen Lebensweise. Green war nämlich während seiner gesamten NBA-Laufbahn eine „männliche Jungfrau", und machte nicht einmal ein Geheimnis daraus: „Ich bin stolz darauf, und schäme mich nicht für diese von Gott gegebene Stärke. Man muss lernen, erst einmal sich selbst zu respektieren, bevor man andere Leute respektieren kann." Erst nach seiner Hochzeit im April 2002 – im Alter von 38 Jahren – brach er sein Gelübde.

Von UPS in die NBA

Den amerikanischen Traum vom Tellerwäscher zum Millionär erfüllte sich – wenn auch in abgewandelter Form – Mike Penberthy (heute Alba Berlin). Nach seinem Diplom in Bibelkunde 1997 am Masters College (die Hochschule zählt weniger als 900 Studenten) versuchte der Distanzwurf-Spezialist vergeblich den Sprung in die NBA und wurde sogar von den Quad City Thunder in der zweitklassigen CBA gefeuert. Penberthy spielte eine Saison beim deutschen Zweitligisten BC Johanneum Hamburg und verdingte sich anschließend als Paketausfahrer bei UPS. Im Herbst 2000, nach einer weiteren Saison bei den mittlerweile in die Bundesliga aufgestiegenen Hamburgern, schaffte er sensationell den Sprung in den Kader der Los Angeles Lakers. Der nur 1,91 Meter große Penberthy erkämpfte sich große Spielanteile (im Schnitt 15 Minuten und 5 Punkte) und wurde mit den Lakers am Ende sogar Champion.

Tod auf hoher See

Bereits während seiner NBA-Karriere (von 1991 bis 1999) war Brian Williams als Exzentriker bekannt: Nach dem Gewinn der Meisterschaft mit den Chicago Bulls 1997 änderte er seinen Namen in Erinnerung an seine indianische Abstammung offiziell in Bison Dele. Zwei Jahre später bat er die Detroit Pistons um sofortige Auflösung seines noch fünf Jahre laufenden Vertrages über 36,45 Millionen Dollar. Im Juli 2002 starb er einen Tod auf hoher See: Bei einer Pazifik-Rundreise verschwand er spurlos von der Yacht und wurde ebenso wie seine Crew und Lebensgefährtin für tot erklärt. Der Verdacht fiel auf seinen älteren Bruder, der ebenfalls mit an Bord war, dem der Mord allerdings nicht bewiesen werden konnte, obwohl auf dem später gefundenen Boot Einschussspuren gefunden wurden. Sein Bruder behauptete, Dele und die übrigen Personen wären von Piraten umgebracht worden, beging aber kurze Zeit später Selbstmord mit einer Überdosis Insulin.

Illegale Hundekämpfe

Sportlich ist Qyntal Woods ein eher durchschnittlicher Basketballer. Schlagzeilen schrieb der Flügelspieler im Winter 2004/05 indes auf andere Art und Weise: Woods wanderte wegen Tierquälerei ins Gefängnis. Der damalige Profi der Portland Trail Blazers veranstaltete in seinem Haus illegale Hundekämpfe. Die Pitbulls wurden konfisziert und Woods zu 10 000 Dollar Geldstrafe und 80 Stunden gemeinnütziger Tätigkeit verurteilt. Auch die Trail Blazers zogen Konsequenzen und gaben dem Tierquäler den Laufpass.

Nomen est omen

Einigen NBA-Profis wurde der Basketball mit ihrem Namen förmlich in die Wiege gelegt. Sie konnten gar nicht anders, als eine Karriere unter den Körben einzuschlagen. Etwa Bobby Joe Hooper, in der Saison 1968/69 bei den Indiana Pacers unter Vertrag: Hoop ist in der Basketball-Fachsprache ein Synonym für Korb. Oder Jerome Lane, von 1988 bis 1993 in der NBA tätig: Lane ist die US-übliche Bezeichnung für Freiwurflinie. Nicht überliefert ist, ob Neal Walk außergewöhnlich viele Regelüberschreitungen (Walk ist ein anderes Wort für Schrittfehler) begangen hat. In jedem Fall war der 2,08-Meter-Mann in den frühen siebziger Jahren einer der besten Korbjäger der Liga. Ganz zu schweigen von Larry Steele (Ex-Portland), der die Liga in der Saison 1973/74 tatsächlich sogar in der Kategorie Steals (2,68 Ballgewinne pro Spiel) anführte. Weitere Beispiele gefällig? Bitte schön. John Trapp, von 1968 bis 1973 in der NBA: Trap (übersetzt: die Falle) ist eine der bekanntesten Verteidigungsstrategien. Oder Michael Cage, von 1984 bis 2000 wegen seiner Kompromisslosigkeit einer der meist respektierten Centerspieler: Anfang des 20. Jahrhunderts wurden die Basketballfelder despektierlich Cage (Käfig) genannt. Bei John Block galt sogar das alte lateinische Sprichwort: nomen est omen. In den frühen siebziger Jahren war der Centerspieler einer der gefürchtetsten Schussblocker der Liga.

Wie der Vater so der Sohn

Nicht mit dem Namen in die Wiege gelegt, sondern vom Vater vererbt wurde das Talent in der Familie Barry. Gleich drei der vier Söhne von Rick Barry, in den siebziger Jahren einer der herausragenden Spieler der Liga (sein Markenzeichen war der beidhändige Freiwurf von unten), spielten später ebenfalls in der NBA: Brent, Drew und Jon. Nur Richard scheiterte. Der spielte stattdessen in Braunschweig und Gießen in der Bundesliga.

Zwergen-Aufstand

Wer war eigentlich der kleinste Spieler der NBA? Dieser Titel geht an Muggsy Bogues, der trotz einer Körpergröße von nur 1,60 Metern 14 Jahre lang in der NBA spielte. Nur 5 Zentimeter größer ist Earl Boykins (seit 1998 in der NBA). Spud Webb gewann mit 1,70 Metern 1986 sogar den Dunking-Wettbewerb beim NBA-All-Star-Game. Und der kleinste Spieler, der Topscorer wurde? Allen Iverson (1,83 Meter) führte die Liga in der Saison 1998/99 mit 26,8 Zählern an. Das ist aber alles nichts gegen die kleinste Basketballerin der Geschichte: Debbie Brock gewann mir nur 1,49 Metern mit dem Team der Dalta University Mitte der siebziger Jahre drei Meistertitel in der Mädchenliga AIAW.

Tattoo aus der Bibel

Und wer war der am meisten Tätowierte? Dennis Rodman, Allen Iverson, Rasheed Wallace? Larry Hughes stellte alle in den Schatten. Der Aufbauspieler hatte seinen Körper bereits mit 15 Tattoos verziert, als er sich im Sommer 2000 dazu entschloss, sich sechs Verse aus Psalm 23 der Bibel auf den Bauch stechen zu lassen. Um Zeit und Schmerzen zu sparen, beschränkte sich Hughes auf die Quintessenz des Psalms. Nun steht von Hüfte zu Hüfte zu lesen: „Though I Walk Through The Valley of The Shadow of Death, I Shall Fear no Man“ (Auch wenn ich durch das Tal des Schattens des Todes laufe, fürchte ich niemanden).

Sensationelle Comebacks

Die wohl beeindruckendsten Comebacks in der NBA-Geschichte feierten Earvin Magic Johnson 1996 und Alonzo Mourning neun Jahre später. Johnson, einer der besten Spieler der Liga-Geschichte, beendete im November 1991 wegen einer HIV-Infektion seine einzigartige Karriere. In der Saison 1993/94 übernahm er bei seinem langjährigen Verein, den Los Angeles Lakers, vorübergehend das Traineramt, zwei weitere Spielzeiten später, im Alter von 36 Jahren, kehrte er sogar noch einmal als Spieler in die NBA zurück und erzielte für die Lakers in 32 Einsätzen beeindruckende 14,6 Punkte im Schnitt. Mourning, in den neunziger Jahren gemeinsam mit Shaquille O'Neal dominierender Center der Liga, hatte seine Karriere 2003 wegen einer Nieren-Transplantation eigentlich beendet, kehrte nach seiner raschen Genesung aber Anfang 2005 zu seinem langjährigen Verein Miami Heat zurück, mit dem er ein Jahr später sogar die Meisterschaft gewann. Ironie: Bei den Heat bildete er gemeinsam mit seinem inzwischen nach Florida gewechselten langjährigen Erzrivalen O'Neal ein Centerduo.

Herrlich verrückter Dennis Rodman

Obwohl er in seiner 14-jährigen NBA-Laufbahn nur knapp über 7 Punkte pro Partie erzielte, ist Dennis Rodman einer der, wenn nicht sogar der berühmteste Spieler der NBA-Geschichte. Seinen Bekanntheitsgrad verdankt der 2,03 Meter lange Flügelspieler, der mit den Detroit Pistons und Chicago Bulls fünf Meisterschaften gewann, vor allem seinem schrillen Outfit mit unzähligen Tattoos, Piercings und Augen-Make-up sowie seinen Exzessen auf und außerhalb des Feldes. „Für Dennis Rodman ist jeder Tag Halloween", sagte einst der bekannte US-Sportreporter Roy Firestone. Sein Spitzname „Dennis, the Menace" (die Bedrohung) erklärt sich somit wohl von selbst.

Dennis Rodman: Mal mit Revolver, mal mit gefärbtem Haar

Mit geladenem Revolver

Erstmals Schlagzeilen außerhalb des Feldes schrieb Rodman im Winter 1992/93. Eine Polizeistreife fand ihn in einer Seitenstraße in seinem Pick-up-Truck volltrunken mit einem geladenen Revolver auf dem Beifahrersitz. In seiner Autobiographie „Bad As I Wanna Be“ erklärte Rodman später, in dieser Nacht hätte er „den alten Dennis ausgelöscht und der neue wäre geboren“. Diesen wollten sich die Detroit Pistons offenbar nicht antun: Sie transferierten ihn zu den San Antonio Spurs. Dort begannen dann die zahlreichen Eskapaden.

Zahlreiche Anzeigen

Der erste Aussetzer war noch vergleichsweise harmlos. Nachdem er bei einem Play-off-Spiel im April 1994 bei den Utah Jazz einem Richtung Tribüne fliegenden Ball vergeblich hinterher hechtete, klopfte er einer Platzanweiserin im Delta Center auf den Hintern. Rodman wurde wegen sexueller Belästigung angezeigt und auf 750 000 Dollar Schmerzensgeld verklagt (diese wurde jedoch abgewiesen). In den folgenden Jahren pflasterten zahlreiche Anzeigen und Anklagen seinen Weg. Beispielsweise in Las Vegas wegen sexueller Nötigung, als er die Bedienung einer Cocktail-Bar von hinten an den Brüsten festhielt. Oder im kalifornischen Newport Beach, wo er ein Ferienhaus besaß. In einem einzigen Sommer erreichten die Polizei 28 Anzeigen gegen Rodman wegen Ruhestörung, weil sich Nachbarn durch den Partylärm gestört fühlten.

Kameramann getreten

Ein Dutzend Mal wurde Rodman nach seinem Imagewandel von der NBA gesperrt. Seine beiden größten Aussetzer auf dem Feld ereigneten sich 1996 und 1997 nach seinem Wechsel zu den Chicago Bulls: Zunächst verpasste er einem Schiedsrichter eine Kopfnuss, weil er mit dessen Entscheidung nicht einverstanden war. 20 000 Dollar Strafe und sechs Spiele Sperre waren die Folge. Kurze Zeit später trat er einem am Spielfeldrand sitzenden Kameramann in den Unterleib, als er nach einer missglückten Abwehraktion unsanft auf dem Hallenboden landete und seinen Frust irgendwo auszulassen suchte. Die

Liga sperrte ihn für elf Partien und verhängte eine Geldstrafe in Höhe von 25 000 Dollar. Ein ordentliches Gericht verurteilte ihn zudem zu einer Zahlung von 200 000 Dollar Schmerzensgeld.

Schrille Auftritte

1996 versuchte Rodman, seine Eskapaden in seiner Autobiographie „Bad As I Wanna Be" zu begründen. Vor einer Signierstunde in einer New Yorker Buchhandlung kündigte er an, bei dieser Gelegenheit seine neue und bis dato in der Öffentlichkeit unbekannte Freundin vorzustellen. Das Medieninteresse war riesig, aber natürlich hatte Rodman alle an der Nase herumgeführt. Er selbst erschien in einem extravaganten Brautkleid und gestand seine Zuneigung zum Transvestismus. Seine freien Tage verbrachte Rodman am liebsten in Las Vegas und frönte dort dem Glücksspiel (angeblich soll er dort Hunderttausende Dollar verzockt haben). Natürlich klappte auch das nicht ohne Nebengeräusche: Rodman wurde von einem Croupier des „Mirage Casinos" auf 80 000 Dollar Schmerzensgeld verklagt, weil er sich mehrmals die Tokens an deren Brust und an seine Geschlechtsteile rieb, um sein Spielglück zu beschwören.

Zahlreiche PR-Gags

Rodman bzw. sein Management verstanden es ohnehin geschickt, seine Popularität zu verkaufen. 1996 hatte er seine eigene Reality-Show auf MTV („The Dennis Rodman World Tour"), 1997 drehte er mit Jean-Claude van Damme den Actionstreifen „Double Team", im gleichen Jahr gab er an der Seite von Hulk Hogan ein Gastspiel als Catcher auf der Profitour World Championship Wrestling. Ein einziger PR-Gag war auch seine Hochzeit mit Schauspielerin und Baywatch-Girl Carmen Electra im November 1998. Nach nur fünf Tagen wollte Rodman die Scheidung, weil er angeblich zum Zeitpunkt der Eheschließung volltrunken gewesen wäre. Auf Rat seines Managements änderte er jedoch seine Meinung. Drei Monate später reichte jedoch Electra die Scheidung ein. Um Nähe zu seinen Fans zu demonstrieren, aber auch um den ein oder anderen Dollar zusätzlich zu verdienen, ging Rodman sogar ins Internet: Unter der Domain www.

rodmantv.com sollten für eine Gebühr von 29,95 Dollar im Monat seine täglichen Aktivitäten und Verfehlungen live verfolgt werden können. Dafür wurden in seinem Haus eigens acht Webcams installiert. Die Abonnentenzahlen hielten sich jedoch stark in Grenzen: Rodman war nur selten zu Hause.

Letztes NBA-Gastspiel

Skandalös verlief auch Rodmans gerade einmal einmonatiges Intermezzo bei den Dallas Mavericks, seinem letzten Klub in der NBA (danach hatten alle endgültig die Nase voll). Der Exzentriker schwänzte seine offizielle Präsentation mit der Begründung, er habe einen wichtigeren Termin (zeitgleich wurde er auf der Super-Bowl-Party in Atlanta gesichtet). Bereits in seinem zweiten Einsatz brannten Rodman die Sicherungen durch: Nachdem er während der Partie mitten auf dem Spielfeld einfach in einen Sitzstreik trat und minutenlang nicht mehr aufstand, wurde er für eine Partie gesperrt und mit einer 12 000 Dollar-Geldstrafe belegt. Nachdem er beim Auswärtsspiel in Salt Lake City mit obszönen Gesten und Provokationen der Gegenspieler Tumulte auf den Zuschauerrängen ausgelöste hatte, sich weder der erhoffte sportliche Erfolg noch ein größeres Zuschauerinteresse eingestellt hatten, und Rodman sein mangelndes Interesse an den Ergebnissen seines Arbeitgebers öffentlich machte („Die Niederlagen ziehen mich nicht runter. So lange ich nach Hause kommen und Sex mit meiner Frau haben kann, geht es mir großartig.“), war die Geduld von Mavericks-Besitzer Mark Cuban aufgebraucht: Er übergab Rodman die Entlassungspapiere. Für den Exzentriker schloss sich damit quasi der Kreis. In Dallas war er im Armenviertel South Oak Cliff aufgewachsen, in Texas endete auch seine NBA-Laufbahn.

Herrlich verrückter Charles Barkley

Während Dennis Rodman seine Skandale in der Regel bewusst provozierte und inszenierte, tappte Charles Barkley – im Normal-

Charles Barkley: Zwischen Allergie und Pizza

fall ein Vorbild in Sachen Trainingsfleiß und Einsatzfreude – des Öfteren unbewusst ins Fettnäpfchen. Seine schönsten Missgeschicke:

Barkley, der Pizza-Fan

Zu Collegetagen an der Auburn University in Alabama wurde Barkley als „The Round Mound of Rebound“ (runder Hügel des Rebounds) tituliert. Obwohl die Gegenspieler einen Kopf größer waren, schnappte er sich die meisten Rebounds. Barkley profitierte dabei in erster Linie von seiner Statur: Die Legende besagt, dass er bei 1,96 Metern Körpergröße teilweise 140 Kilogramm schwer gewesen sein soll. Vor allem seine Vorliebe für Pizza (angeblich verspeiste er derer zwei pro Tag) machte landesweit die Runde. Und so kam es zu teilweise grotesken Szenen: Beim Gastspiel in Kentucky warfen die Zuschauer leere Pizzakartons aufs Spielfeld, in Tennessee verkleidete sich ein Fan als Pizzabote und fragte Barkley während des Spiels nach seiner Bestellung. Und in Louisiana wurde ihm sogar Pizza auf die Ersatzbank geliefert. Als Barkley 1984 bei den Philadelphia 76ers die Profi-Laufbahn einschlug, speckte er 20 Kilogramm ab. Auf die Frage, wie ihm dies gelungen sei, antwortete er: „Ich esse jetzt nur noch sechsmal am Tag."

Das Ziel verfehlt

Im März 1990 verlor Barkley bei einem Auswärtsspiel der 76ers in New Jersey nach wüsten Beschimpfungen eines Nets-Fans auf der Ersatzbank die Fassung: Er drehte sich um und spuckte in Richtung des Zuschauers. Barkley verfehlte dabei sein eigentliches Ziel und traf ein achtjähriges Mädchen mitten ins Gesicht. Obwohl sich Barkley umgehend entschuldigte und das Opfer finanziell entschädigte, gingen Experten davon aus, dass ihm dieser Vorfall die Auszeichnung zum wertvollsten Spieler der Saison 1989/90 kostete (in einer knappen Abstimmung lag Magic Johnson vorn).

Allergische Reaktion

Aus einem ungewöhnlichen Grund musste Barkley für das Auftaktspiel der Phoenix Suns, zu denen er 1992 gewechselt war, in der Saison 1994/95 passen: Der bullige Forward hatte wenige Tage zuvor ein Eric-Clapton-Konzert besucht, wo ihm die grelle Bühnenbeleuchtung zu schaffen machte. Barkley rieb sich mit den Fingern in den Augen – ein fataler Fehler. Kurz vor dem Konzert hatte er seine Hände mit einer neuen Pflegecreme eingerieben – und die löste eine heftige allergische Reaktion bei dem Kontaktlinsenträger aus.

Anklage wegen Exhibitionismus

Sir Charles, etwa ein Exhibitionist? In der NBA ist es seit jeher Usus, Interviews in den Spielerkabinen zu führen. Zehn Minuten nach Spielende werden diese für Reporter geöffnet (im Fachjargon: „Open Locker Room"). Elizabeth Anderson, Reporterin des christlichen Fernsehens in Houston, verklagte Barkley im Oktober 1997 wegen sexueller Belästigung. Der Star der Rockets, zu denen er 1996 gewechselt war und bei denen er 2000 seine Karriere beendete, habe sich, zunächst noch mit einem Handtuch um die Hüften, vor ihr entblößt und anschließend an seinen Geschlechtsteilen herumgespielt. Die Klage wurde, sehr zur Erleichterung Barkleys, abgewiesen: Mit der Begründung, Frau Anderson habe schließlich freiwillig eine Männerumkleide betreten und damit rechnen müssen, was auf sie zukomme.

Herrlich verrückte Allrounder

Steve Hamilton ist der einzige Athlet, der sowohl in der NBA als auch in der Baseball-Profiliga MLB die Meisterschaft gewinnen konnte: 1956 reüssierte er mit den Minneapolis Lakers (Vorläufer der Los Angeles Lakers) in der NBA, 1963 und 1964 war er als Pitcher mit den New York Yankees in der World Series erfolgreich. Hamilton ist aber beileibe nicht der Einzige, der auf zwei völlig unterschiedlichen Gebieten außergewöhnliches Talent bewies.

Baseball im Sommer, Basketball im Winter

Der vielleicht bekannteste Allrounder war Danny Ainge. Drei Spielzeiten trug der 1,93-Meter-Mann das Trikot der Toronto Blue Jays in der MLB (1979 bis 1981), ehe ihn 1981 die Boston Celtics aus seinem Vertrag herauskauften. An der Seite von Superstar Larry Bird gewann er mit den Celtics 1984 und 1986 die Meisterschaft in der NBA. Gene Cowley spielte sogar in beiden Profiligen parallel. Von 1952 bis 1963 war er Pitcher bei den Atlanta Braves, Philadelphia Phillies und Boston Red Sox in der MLB. Nach der Baseball-Saison gönnte er sich keine Pause und ging im Winter für die New York Knicks und Boston Celtics auf Korbjagd. Mit den Celtics gewann er 1959, 1960 und 1961 sogar dreimal hintereinander die Meisterschaft.

Multi-Talent Connors

Kevin Connors, den sie alle nur Chuck nannten, machte sogar dreifach Karriere: als Basketball- und Baseball-Profi sowie später als Schauspieler. Nach drei Jahren in Rochester und Boston in der NBA

– der 1,98-Meter-Mann ging als erster Spieler, der eine Korbanlage zerstörte, in die Annalen der Liga ein – spielte er in den fünfziger Jahren für die Brooklyn Dodgers und Chicago Cubs in der MLB. Den größten Ruhm erreichte er jedoch nach Ende seiner Sport-Karriere in Hollywood: Nach Nebenrollen im Tracy-Hepburn-Film „Pat and Mike" sowie einer „Superman"-Folge avancierte er zum Star der Westernserie „The Rifleman".

Milwaukee ging auf Nummer sicher

Auch die Kombination NBA und NFL gab es schon, etwa in Person von Bud Grant. 1950 wurde Grant Meister mit den Minneapolis Lakers, später spielte er Tight-End bei den Philadelphia Eagles. Die meiste Berühmtheit erlangte er jedoch als Trainer in der NFL: Viermal führte er die Minnesota Vikings während seiner 18-jährigen Regentschaft ins Finale um den Super Bowl. Eine zweite Meisterschaft hinzuzufügen, gelang ihm jedoch nicht. Den umgekehrten Weg ging Charlie Ward: 1993 wurde er als überragender Quarterback der Florida State University mit der Heisman Trophy als bester Collegespieler der NCAA ausgezeichnet, ein Jahr später gewann er mit den Seminoles sogar die Meisterschaft. Eine professionelle Football-Karriere schlug Ward jedoch nie ein. Stattdessen spielte er zwischen 1994 und 2004 für die New York Knicks in der NBA. So viel Talent im Umgang mit dem Ball blieb auch den Scouts im Baseball nicht verborgen: Obwohl Ward nie aktiv Baseball spielte, sicherten sich vorsichtshalber MLB-Klub Milwaukee Brewers im Draft seine Transferrechte. In dem Allrounder hätten ja weitere Talente schlummern können …

Baseball statt Basketball

Anfang der fünfziger Jahre galt Johnny O'Brien von der University of Seattle als bester Collegespieler in den USA. Obwohl er 1953 von den Milwaukee Hawks (Vorläufer der heutigen Atlanta Hawks) gedraftet wurde, scheute der Aufbauspieler den Sprung in die NBA: O'Brien war nur knapp über 1,70 Meter groß. Stattdessen schlug er eine Laufbahn als Baseball-Profi ein: Sechs Jahre lang, von 1953 bis 1959, spielte O'Brien in der MLB.

Der Beste scheitert kläglich

Weitere ausgesprochen erfolgreiche „Mehrzweckwaffen“ waren die mehrfache olympische Goldmedaillengewinnerin in der Leichtathletik, Jackie Joyner-Kersee, die in der Frauenmannschaft der weltbekannten University of California Los Angeles (UCLA) dem Spiel mit dem orangenen Ball frönte, oder der Zehnkampf-Olympiasieger von 1960 in Rom, Raffer Johnson, der für die gleiche Uni spielte. Der ehemalige Tennis-Star Tony Trabert, der 1955 die Grand-Slam-Turniere French und US Open sowie Wimbledon gewann, war zuvor ein gefürchteter Distanzschütze an der University of Cincinnati. Kläglich gescheitert ist indes der Versuch des wohl besten Basketballers der Geschichte, im Baseball Fuß zu fassen: Nach dem ersten seiner zahlreichen Karriereenden wollte sich Michael Jordan 1994 einen Kindheitstraum erfüllen und den Sprung ins professionelle Baseball-Lager schaffen. Im Umgang mit dem Schläger zeigte er sich jedoch weniger talentiert als mit dem Ball. Die Chicago White Sox schoben ihn schnell in eine ihrer vielen Reservemannschaften ab. Mit den Birmingham Barons und Scottsdale Scorpions tingelte Jordan fast ein Jahr lang durch die Provinz. Im März 1995 entschloss er sich, lieber wieder ins Rampenlicht der NBA zurückzukehren.

Auf dem Chefsessel

Eine äußerst wechselhafte Vita besitzt auch Mannie Jackson. Geboren in einem Wohnwagen in den Ghettos von Illmo/Montana, avancierte Jackson in den sechziger Jahren zum besten Basketballer der University of Illinois, schlug Angebote aus der NBA aus und ging stattdessen lieber mit den Harlem Globetrotters auf Tour. Nach Abschluss seiner Basketball-Karriere machte er in der freien Wirtschaft Karriere, unter anderem als Chef des Telekommunikationsanbieters Honeywell. In US-Businessmagazinen wird Jackson als einer der erfolgreichsten US-Manager geführt. 1993 kehrte Jackson zu seinen Wurzeln zurück, rettete die nahezu bankrotten Globetrotters (Jackson war der erste dunkelhäutige Besitzer eines Profisportteams) vor dem Aus und führte sie zu neuer wirtschaftlicher Blüte zurück.

„Dollar Bill" Bradley – ein begnadeter Taktierer

Nicht ungewöhnlich ist zudem die Verknüpfung Basketball und Politik. Al Gore, langjähriger US-Vizepräsident und Präsidentschaftskandidat 2000, spielte einst erfolgreich in der Auswahl der weltbekannten Harvard University. Bob Dole, Präsidentschaftskandidat 1996, jagte im Team der University of Florida dem orangefarbenen Ball hinterher. Keiner von ihnen war allerdings so gut wie William Bradley. Der langjährige Senator von New Jersey schaffte es sogar bis in die NBA, wo er von 1967 bis 1977 bei den New York Knicks spielte. Schon in seiner Zeit als aktiver Sportler erwies sich der spätere Politiker als begnadeter Redner und Taktierer. Obwohl er bei den Knicks im Schatten von Stars wie Walt Frazier oder Willis Reed stand, war er der Topverdiener des Teams. Seine Mannschaftskameraden nannten ihn deshalb auch „Dollar Bill" (übersetzt Geldschein).

Herrlich verrückte Trainer

Eine raffinierte Methode zur Steigerung der Geschicklichkeit seiner Profis erfand Dick Finney, in den fünfziger Jahren Trainer der Philadelphia Warriors. Nach dem Training steckte er jedem seiner Spieler ein rohes Ei in die Hosen- oder Sakkotasche und schickte sie mitten im Berufsverkehr mit öffentlichen Verkehrsmitteln nach Hause. Derjenige, dessen Ei im Gedränge zerquetscht wurde, erhielt eine für die damalige Zeit üppige Strafe von zehn Dollar aufgebrummt. Auch nach Finney versuchte der eine oder andere Übungsleiter, mit ungewohnten Methoden seine Schützlinge zu Höchstleistungen zu trimmen oder den Gegner aus der Fassung zu bringen.

Meister der Psychologie

Red Auerbach, der die Boston Celtics in den fünfziger und sechziger Jahren zu acht Meistertiteln hintereinander führte, galt als Erfinder der „psychologischen Kriegsführung": Es kam schon mal vor, dass er die Heizungen in gegnerischen Umkleidekabinen an kalten Tagen abdrehen und an warmen Tagen auf volle Stärke aufdrehen ließ. Oder dass er in Hotels, in denen die Gegner übernachteten, mitten in der Nacht den Feueralarm auslöste, um diese um ihren Schlaf zu bringen. Auerbachs Markenzeichen war übrigens die Zigarre: Immer wenn seine Mannschaft auf der Siegerstraße war, steckte er sich in der Schlussminute eine dicke Havanna an – erst später führte die NBA ein absolutes Rauchverbot ein.

Handgemenge mit Klubbesitzer

Unvergessen ist auch Auerbachs Temperament: Unmittelbar vor dem dritten Finalspiel 1957 gegen die St. Louis Hawks (Vorläufer der Atlanta Hawks) lieferte er sich mit Hawks-Eigner Ben Kerner mitten auf dem Spielfeld einen lautstarken Disput über die Höhe der Körbe im Kiel Auditorium. Nach Auerbachs Meinung waren diese zu niedrig befestigt. Der verbale Schlagabtausch steigerte sich in ein Handgemenge, in dessen Verlauf der Celtics-Trainer seinem Widersacher ein blaues Auge verpasste. Das Strafmaß der NBA fiel seinerzeit mit 300 Dollar noch milde aus. Viel schlimmer für Auerbach: Die Korbhöhe blieb unverändert und seine Celtics unterlagen 98 : 100.

Durch Grimassen provoziert

Dick Motta, in den achtziger Jahren Trainer der Dallas Mavericks, war für sein Temperament bekannt. Während eines Gastspiels bei den Los Angeles Lakers in der Saison 1985/86 verlor er vollends die Nerven. Weil er sich während einer Auszeit durch ständige Zwischenrufe und Grimassen eines Zuschauers aus der ersten Reihe provoziert fühlte, packte er diesen am Schlawittchen. Der besagte Störenfried war kein Geringerer als der bekannte US-Schauspieler und Lakers-Edelfan Jack Nicholson. Dazu Motta: „Keine Ahnung, wer das ist."

Schwergewicht auf der Bank

Frank Layden von den Utah Jazz, 1984 als „Trainer des Jahres" in der NBA ausgezeichnet, galt kulinarischen Genüssen als nicht abgeneigt. Nicht von ungefähr kam sein Gewicht von 140 Kilogramm. Einmal packte ihn sein gesunder Appetit sogar während eines Spiels: Als sich beim Auswärtsspiel bei den Los Angeles Lakers im Schlussviertel die

108 : 123-Niederlage abzeichnete, verließ Layden zum Erstaunen seiner Spieler und der Zuschauer die Halle, stieg in ein Taxi und ließ sich ins Hotel zurückchauffieren, wo er im Restaurant genüsslich einen Topf Chili und ein Sandwich verzehrte.

Kündigung an Heiligabend

Auf der Suche nach dem großen sportlichen Erfolg hat der heutige Trainer der Dallas Mavericks, Avery Johnson, in seiner aktiven NBA-Karriere (von 1988 bis 2004) immer wieder ganz unmittelbar erlebt, was es heißt, Basketball-Profi in der NBA zu sein: Man ist eine Art Söldner in der modernen Welt und weiß nie, wann und wo man von seinem Klub die Kündigung erhält und wo einen dieser – auch ohne die eigene Zustimmung – hin transferiert. In 16 Jahren musste Johnson neunmal den Verein wechseln, von den San Antonio Spurs wurde er sogar dreimal verpflichtet und später wieder entlassen. Eine Kündigung hat der mit 1,80 Meter vergleichsweise kleine Spielmacher in besonders unguter Erinnerung: Von den Denver Nuggets wurde er einst an Heiligabend entlassen – am 24. Dezember 1990. Der Trainer teilte ihm die Entscheidung nach der Rückkehr von einem Auswärtsspiel am Flughafen mit. Heute sagt Johnson über sich selbst: „Jemanden, der an Heiligabend transferiert wird, kann nichts mehr umwerfen."

Das Gesangstalent

In seiner 16-jährigen NBA-Karriere zeichnete sich Aufbauspieler Maurice Cheeks durch zahlreiche Assists aus. Den vielleicht wertvollsten gab er nach Ablauf seiner aktiven Laufbahn als Trainer der Portland Trail Blazers: Beim Play-off-Heimspiel gegen die Dallas Mavericks im April 2003 sollte das 13 Jahre alte Gesangstalent Natalie Gilbert vor ausverkaufter Halle die Nationalhymne vortragen. Als das kleine Mädchen vor Aufregung nach wenigen Sekunden ins Stocken geriet und den Text vergaß, eilte ihr Cheeks zu Hilfe, übernahm das Mikrofon und sang den „Star-Spangled Banner" zu Ende. In den letzten Zeilen stimmte auch das Mädchen wieder mit ein.

Herrlich verrückte Klubs

In ihren Ursprungsjahren war die NBA noch weit von ihrer heutigen Infrastruktur entfernt. Die Rochester Royals etwa trugen ihre Heimspiele von 1948 bis 1957 in der Edgerton Park Arena aus. In der kleinen, engen Halle gab es lediglich an den Längsseiten Zuschauertribünen, hinter beiden Körben war eine Mauer samt Eingangstoren. Damit die Spieler nach Korbleger wenigstens ein paar Schritte Auslauf hatten und nicht gegen die Wand prallten, stellte der Klub eigens Hilfskräfte an, die die Tore öffneten, sobald ein Spieler herangerauscht kam. Dabei konnte es schon einmal passieren, dass der Spieler in einem Schneesturm landete oder mit einem später eintreffenden Fan kollidierte. Aber auch danach sorgte so mancher Klub für Kuriositäten …

Totes Fleisch in Cleveland

Nur noch ungern erinnert man sich in Cleveland/Ohio an das NBA-Debüt der Cavaliers in der Saison 1969/70. Mit nur 15 Siegen in 82 Spielen war das Team Prügelknabe und landete auf dem letzten Platz. Von Fans und Medien wurden die Cavaliers als „Cleveland Cadavers" (totes Fleisch) verspottet. Passend dazu: Cavalier Johnny Warren erzielte den ersten Eigenkorb der NBA-Geschichte. Unmittelbar nach dem Sprungball zu Beginn des Schlussviertels hatte er die Orientierung verloren und schloss einen Fastbreak auf den falschen Korb ab.

Manager zum Ausgleich

Als die Portland Trail Blazers im Januar 1983 nach einem verletzungsbedingten Engpass auf der Spielmacher-Position Don Buse von den Indiana Pacers verpflichteten, boten sie dem Klub aus Indianapolis nicht etwa einen anderen Spieler oder eine Ablösesumme als Ausgleich an, sondern Nachhilfe-Unterricht von ihrem General-Manager. Und so arbeitete Jon Spoelstra, in dessen elfjähriger Ägide bei den Trail Blazers alle Heimspiele ausverkauft waren, eine Woche lang in Diensten der Pacers.

Das Armenhaus der Liga

Die Los Angeles Clippers sind seit ihrem Umzug aus San Diego anno 1983 das Armenhaus der Liga. Klubbesitzer Donald Sterling, ein millionenschwerer Immobilienmakler aus Beverly Hills, investiert nicht mehr als nötig (trotz der endlosen Misserfolge des Teams stieg der Wert der Franchise in zwanzig Jahren von 12,5 auf über 200 Millionen Dollar). Sterling spart, wo er nur kann. In seiner ersten Saison wollte er sogar aus Kostengründen den Teambetreuer entlassen und fragte allen Ernstes Trainer Paul Silas, ob er nicht dessen Job in Personalunion mit übernehmen könne.

Bowie statt Jordan

Den größten Transferflop in der NBA-Geschichte landeten im Sommer 1984 die Portland Trail Blazers. Der Klub aus Oregon verzichtete bei seinem Draft-Pick auf Michael Jordan und wählte an dessen Stelle den 2,16 Meter langen Centerspieler Sam Bowie von der University of Kentucky aus. Die Chicago Bulls lachten sich ins Fäustchen: Während Jordan zum wohl besten Basketballer der Geschichte avancierte und die Bulls zu sechs Meisterschaften führte, kam Bowie bis zu seinem Karriereende 1995 über Mittelmaß (10,9 Punkte pro Spiel) nicht hinaus.

Tragische Celtics

Gleich zwei Schicksalsschläge innerhalb von nur sieben Jahren mussten die Boston Celtics hinnehmen. 1986 glaubten sie, einen neuen Superstar verpflichtet zu haben, als sie Marylands Ausnahmetalent Len Bias im Draft auswählten. Bias starb zwei Tage später an einer Überdosis Kokain. 1993 erlitt ihr Star Reggie Lewis bei einem Play-off-Spiel einen Schwächeanfall und verstarb drei Monate später während des Trainings. Bei den Untersuchungen war ein angeborener Herzfehler übersehen worden.

Grotesker Namenswechsel

Den Umzug ins neuerbaute MCI Center nahmen die Washington Bullets (Pistolenkugeln) 1997 zum Anlass, ihren Namen in Wizards

(Zauberer) zu ändern. Als Begründung führte die Klubführung die hohe Kriminalitätsrate in der US-Hauptstadt sowie den Terroranschlag auf Israels Premierminister Yitzhak Rabin zwei Jahre zuvor an. Der neue Name wurde in einer Fanumfrage ausgewählt.

Hosen im Schlabber-Look

Eine Strafe in Höhe von 35 500 Dollar bekamen die Minnesota Timberwolves im November 1997 aufgebrummt. Der ungewöhnliche Grund: Fünf Spieler trugen die Hosen im seinerzeit modischen Schlabber-Look: Sie endeten erst kurz vor den Knöcheln. Die Liga schreibt allerdings Hosen vor, die nicht über die Knie hinausgehen dürfen.

Sex- statt Ticket-Hotline

Zwei Jahre nach dem Wegzug der Hornets nach New Orleans erhielt Charlotte im August 2004 wieder ein NBA-Team: die neugegründeten Bobcats. Die erste PR-Maßnahme des Klubs zur Gewinnung neuer Dauerkarten-Kunden ging jedoch gründlich in die Hose: Auf den Flyern wurde eine falsche Telefonnummer abgedruckt. Statt bei der Ticket-Hotline landeten die Anrufer bei einem Telefonsex-Anbieter.

Herrlich verrückte Mavericks

Die Dallas Mavericks sind so etwas wie eine deutsche Filiale in der NBA: Drei der vier Deutschen, die jemals in der NBA spielten, gingen bzw. gehen für die Texaner auf Korbjagd: Vor Superstar Dirk Nowitzki (seit Januar 1999) waren dies von 1985 bis Ende 1988 der Leverkusener Detlef Schrempf sowie von 1985 bis 1989 der Münchner Uwe Blab. Vor allem Nowitzki erlebte in Dallas schon so manches Kuriosum …

Nelson macht sich in die Hose

Im Sommer 1998 hatte Nowitzki seine Zweifel, ob er denn schon gut genug für einen Wechsel in die nordamerikanische Profiliga sei, oder vor seinem Engagement bei den Mavericks nicht lieber noch das ein oder andere „Lehrjahr“ in der Bundesliga oder sonst wo in Europa absolvieren solle. Mit einem geschickten Schachzug räumten die Mavericks-Verantwortlichen, Trainer und General-Manager Don Nelson sowie sein Sohn und Assistenztrainer Donnie Nelson, die Bedenken aus: Sie luden Nowitzki zu einem Probetraining nach Dallas ein und ordneten ein Eins-gegen-eins-Spiel gegen den ebenfalls neuverpflichteten Samaki Walker an. Die Nelsons wussten, dass der Deutsche dem eher schmächtigen Walker körperlich und spielerisch in allen Belangen überlegen war. Folglich spielte Nowitzki seinen Rivalen in Grund und Boden. Entsprechend schnell waren seine Zweifel an der NBA-Tauglichkeit beseitigt: „Ich kann mithalten“, jubelte Nowitzki. Nelson junior gestand später sogar: „Er war so gut. Ich musste aufpassen, dass ich mir vor Begeisterung nicht in die Hose mache.“

Der Flachs blüht

Mark Cuban ist einer der ungewöhnlichsten Teambesitzer in der NBA. Der Internet-Milliardär, seit Januar 2000 Eigentümer der Mavericks, mag Hemden ebenso wenig wie Krawatten, trägt stattdessen bevorzugt Jeans, T-Shirts und Turnschuhe. Vor den Heimspielen wärmt sich Cuban (geschätztes Vermögen 1,3 Milliarden Dollar) in der riesigen Umkleidekabine im American Airlines Center auf dem Step Master auf und nimmt dabei schon mal seine Angestellten auf die Schippe. Über Nowitzki sagte er einmal im Beisein des Autors dieses Buches: „Du bist so ungepflegt. Deine Frisur ist ein einziges Durcheinander, wenn man da überhaupt von Frisur reden kann. Du musst dringend mal zum Frisör.“ Nowitzki schlug verbal zurück: „Du bist doch um keinen Deut besser und solltest dich selber mal im Spiegel anschauen.“ Cuban trägt eine Frisur Marke Pilzkopf, schaut aus wie Ex-Beatle Paul McCartney in jungen Tagen. Seit Cuban bei den Mavericks das Sagen hat, herrscht ein lockerer Umgangston, der Flachs blüht.

Vom Tellerwäscher zum Millionär

Cuban verwirklichte sich – wenn auch in abgewandelter Form – den amerikanischen Traum vom Tellerwäscher zum Millionär: In seiner Heimatstadt Pittsburgh verkaufte der Sohn eines Autositzpolsterers in der Nachbarschaft Müllsäcke, packte in Lebensmittelläden Tüten ein und arbeitete in den Ferien in der Kantine eines Urlauberklubs. Um später sein Wirtschafts-Studium an der Universität von Indiana zu finanzieren, gab er Tanzunterricht. In den achtziger Jahren setzte Cuban voll auf den beginnenden Computer-Boom: Er gründete eine EDV-Beratungsfirma namens MicroSolutions. Dafür arbeitete er sieben Jahre lang rund um die Uhr – und hatte Erfolg. Mit 31 Jahren verkaufte er die Firma an CompuServe und setzte sich als Multi-Millionär erst einmal zur Ruhe. Lange hielt er das Nichtstun aber nicht aus. Da er den Heimspielen seiner ehemaligen Universitäts-Mannschaft, der Indiana Hoosiers, nur selten beiwohnen konnte, entwickelte Cuban eine Möglichkeit, die Partien live am Computer zu verfolgen – das Internet-Radio war geboren. 1999 verkaufte er broadcast.com für 5,7 Milliarden Dollar an Yahoo. Im Januar 2000 erfüllte sich Cuban einen Jugendtraum und erwarb einen Sportklub. 280 Millionen Dollar blätterte er Vorbesitzer Ross Perot junior für die Mavericks auf den Tisch.

Strafen in Millionenhöhe

Seither ist Cuban Mavericks-Fan mit Leib und Seele. Während der Spiele sitzt er nicht, wie nahezu alle anderen Klubbesitzer, in einer der VIP-Logen, sondern direkt an der Seitenlinie in Verlängerung der Auswechselbank. Dabei fiebert er stets engagiert mit und klatscht die Spieler bei Auszeiten oder Auswechslungen ab. Manchmal geht ihm das Temperament aber zu sehr durch. Gleich in einem seiner ersten Spiele als Klubbesitzer eilte er aufs Feld, um die Zuschauer zu animieren – die NBA sperrte ihn für zwei Partien und brummte ihm 10 000 Dollar Strafe auf. Das war nur der Anfang: Seither legte sich Cuban mehrmals mit den Schiedsrichtern an, seine Geldstrafen belaufen sich auf mehr als eine Million Dollar. NBA-Chef David Stern bezeichnete ihn einst als „Albtraum“. Als Cuban einmal einem

Schiedsrichter unterstellte, „nicht mal ein Fast-Food-Restaurant managen“ zu können, wurde er von der Liga gesperrt. Statt neben der Bank das Team anzufeuern, verkaufte er beim Bulettenbrater „Diary Queen“ Hamburger, Pommes frites und Softeis – sehr zur Freude der Mavericks-Fans, die ihn dabei lautstark feierten.

Rodman statt Sanders

In einer seiner ersten Amtshandlungen anno 2000 wollte Cuban American-Football-Profi Deion Sanders von den San Francisco 49ers als Verstärkung für seinen Klub gewinnen. Als der ablehnte, holte er „Enfant terrible“ Dennis Rodman (siehe Kapitel „Herrlich verrückter Dennis Rodman“). Cuban ließ den Spieler sogar in seinem Haus wohnen und stattete ihn mit zahlreichen Freiheiten aus: Während jeder andere Maverick vor Heimspielen 100 Minuten vor Spielbeginn seinen Platz in der Kabine eingenommen haben musste, brauchte Rodman erst 60 Minuten vor dem Sprungball zu erscheinen. Damit nicht genug: „Ich habe ihm die Erlaubnis gegeben, das Training zu versäumen, wenn ihm das wichtig ist“, so Cuban. Seine Begründung: „Dennis ist ein reiner Defensivspieler, der seine Offensive nicht trainieren muss.“

Spielmacher mit Macken

Mark Cuban ist aber nicht der einzige „schräge Vogel“ in Reihen der Mavericks: Auch mit Jason Terry als Ersatz für den nach Phoenix abgewanderten Spielmacher Steve Nash handelten sich die Mavericks im Sommer 2004 einen außergewöhnlichen Charakter ein. Am College in Arizona schlief Terry aus Aberglauben in der Nacht vor Spielen immer in Trikot, Hose und Socken. In der NBA, wo er vor seinem Mavericks-Engagement fünf Jahre bei den Atlanta Hawks spielte, isst er unmittelbar vor den Spielen immer Hähnchenfilets. Bei den Spielen selbst trägt er fünf Paar Socken übereinander. Als Tattoo trägt er auf der Brust die Zahlenkombination 206 – die Telefonvorwahl seiner Heimatstadt Seattle.

Die 100 besten Spitznamen

Dirk Nowitzki bekam in seiner mittlerweile achtjährigen NBA-Karriere bei den Dallas Mavericks schon die ganze Bandbreite von Spitznamen verpasst: amüsante, abfällige und bewundernde. Auswärtsfans verspotten ihn in Anlehnung an den ehemaligen Pornostar gerne als „Dirk Diggler". In seinen beiden ersten Jahren in Texas wurde der Würzburger wegen seiner schwachen Abwehrarbeit als „Irk" verspottet. Die Amerikaner sprachen ihm in seinem Vornamen einfach den Anfangsbuchstaben D – steht für Defense, also Verteidigung – ab. Nach seinen durchwachsenen Leistungen in der verlorenen Finalserie 2006 gegen die Miami Heat veralberten ihn Fans und Medien in Florida als „No-win-ski".

Im Großen und Ganzen begleiten jedoch wohlwollende Spitznamen Nowitzkis Weg in der NBA: wie etwa „German Wunderkind" (deutsches Wunderkind), „Dirkules" (in Anlehnung an Sagenheld Herkules), „Dunking Deutschman" (wegen seines kraftvollen Zugs zum Korb) oder „Big D" (großer Dirk). Auch andere NBA-Profis wurden mit Spitznamen eingedeckt. Einige wie „Mookie" Blaylock, „Sleepy" Floyd oder „Bonzi" Wells werden sogar in den offiziellen NBA-Statistiken mit ihren Spitz- statt Vornamen geführt.

Die 100 besten Spitznamen der NBA-Geschichte (in alphabetischer Reihenfolge):

Ray Allen – Jesus Shuttlesworth
In der Sommerpause 1998 unternahm der Aufbauspieler (seit 1996 in der NBA) einen Ausflug ins Filmgeschäft und gab die Rolle des „Jesus Shuttlesworth" in Spike Lees Basketball-Epos „He Got Game". Logisch, dass Allen für seine Mitspieler nach der Rückkehr aus Hollywood nur noch der gleichnamige Leinwandheld war.

Gregory Anderson – Cadillac
Ironische Anspielung auf die Tatsache, dass der bullige Flügelspieler (von 1988 bis 1998) während seines Studiums an der University of Houston immer mit dem Fahrrad zum Campus und Training kam.

Stacey Augmon – Plastic Man
Der 2,03 Meter große Aufbauspieler (seit 1991 in der NBA) verdankt den Spitznamen „Plastikmann" seiner enormen Beweglichkeit.

Vin Baker – A-Train
Der kraftvolle 2,11-Meter-Hüne eilte zu Beginn seiner NBA-Karriere (seit 1991) wie ein Hochgeschwindigkeits-Zug durch die gegnerischen Abwehrreihen und war durch nichts und niemanden aufzuhalten.

Brent Barry – Bones
Wegen seiner dünnen Arme und Beine wird der 2,01 Meter große und nur 95 Kilogramm wiegende Aufbauspieler (seit 1995 in der NBA) als „Bones" (Knochen) verspottet.

Larry Bird – The Hick from French Lick
Bird (von 1979 bis 1992 in der NBA) war ein Meister der Selbstironie: Zu Beginn seiner College-Karriere an der Indiana State University nannte sich der Flügelspieler selbst der „Hinterwäldler aus French Lick", einem Provinznest in Indiana. Rasch entwickelte er sich zum besten weißen Basketballer der Geschichte und wurde von Medienvertretern und Fans zum „Basketball-Jesus" getauft. Der dritte MVP-Titel und die dritte NBA-Meisterschaft mit den Boston Celtics ließen ihn 1986 zur lebenden Legende, „Larry Legend", werden.

Uwe Blab – Burning Skyscraper
2,16 Meter groß und feuerrote Haare – schnell hatten die Journalisten den passenden Spitznamen (brennender Wolkenkratzer) für den gebürtigen Münchner (von 1985 bis 1990 in der NBA) gefunden.

Daron Blaylock – Mookie

Der Aufbauspieler (von 1989 bis 2002 in der NBA) verdankt den Kosenamen seiner Mutter. „Mookie" waren seine ersten Worte als Baby.

Tyrone Bogues – Muggsy

Der mit 1,60 Metern kleinste Spieler der NBA-Geschichte bekam den Spitznamen in seiner ersten Profisaison 1987 bei den Washington Bullets verpasst (engl. to mug: ausrauben, stehlen). Bogues (bis 2001 in der NBA) klaute seinen Gegenspielern immer wieder den Ball.

Shawn Bradley – Stormin' Mormon

Der 2,29 Meter große Deutsch-Amerikaner (von 1993 bis 2005 in der NBA) bekannte sich offen zu seinem Glauben und war für seine Mitspieler deshalb der „stürmende Mormone".

Joe Bryant – Jellybean

Medienvertreter verglichen die ästhetische Spielweise des Vaters von Superstar Kobe Bryant (von 1976 bis 1983 in der NBA) mit dem gleichnamigen Gelee-Bonbon.

Kobe Bryant – The Dagger

Von den Medien „The Dagger" (der Dolch) genannt, weil er mit seinen Punkten den Gegnern oft den Todesstoß versetzte. Mit „Black Mamba" verpasste sich Bryant (seit 1996 in der NBA) selbst einen Künstlernamen, weil er auf dem Feld wie die gleichnamige schnelle Giftschlange agieren möchte.

Vince Carter – Air Canada, Vinsanity

Wegen seiner spektakulären Dunkings in Anlehnung an Michael Jordan und seinen kanadischen Verein Toronto Raptors „Air Canada" getauft, vereinzelt auch ehrerbietend „Vinsanity". Beim Dunking-Contest 2000 entstand nach Carters spektakulärer Vorstellung die Bezeichnung „half man, half amazing" (halb Mensch, halb Wunder). Später wegen zahlreicher Verletzungen als „half man, half injured" (halb Mensch, halb verletzt) verspottet.

Sam Cassell – Sam I Am

Die Bezeichnung „Sam I Am" (Ich bin Sam) verdankt der Aufbauspieler (seit 1993 in der NBA) seiner manchmal egoistischen Spielweise; wegen seiner lang gezogenen Augen auch „The Chinese Guy" (der Chinese) und wegen seines großen Kopfes in Anlehnung an die Filmfigur auch „E. T." oder „Alien" (Außerirdischer) genannt.

Craig Claxton – Speedy

Der nur 1,80 Meter große und lediglich 77 Kilogramm schwere Aufbauspieler (seit 2001 in der NBA) verdankt den Spitznamen seiner Schnelligkeit.

Bob Cousy – The Houdini Of The Hardwood

Der legendäre Aufbauspieler der Boston Celtics (von 1950 bis 1970 in der NBA) wurde von Sportjournalisten wegen seines Ballgefühls und seiner Zauberpässe in Anlehnung an den Magier als „Houdini des Parketts" getauft.

Erick Dampier – Ericka

Der 2,11 Meter und 120 Kilogramm schwere Center (seit 1996 in der NBA) behauptete einst, er wäre der Einzige, der Shaquille O'Neal auf dem Feld stoppen könne. Nachdem ihm dies gründlich misslang, wurde der verletzungsanfällige Dampier von O'Neal mit der weiblichen Form seines Vornamens veralbert.

Sherman Douglas – Sherminator

In Anspielung an seinen Vornamen und Arnold Schwarzeneggers Actionstreifen „Terminator" war der Aufbauspieler (von 1989 bis 2001 in der NBA) für Mitspieler und Medienvertreter der „Sherminator".

Clyde Drexler – The Glide

Der Aufbauspieler (1983 bis 1998 in der NBA) war für seine Korbleger und Dunkings bekannt, bei denen er die natürliche Schwerkraft außer Kraft zu setzen schien; deshalb in Anlehnung an den Vornamen Clyde „der Gleiter".

Theodor Edwards – Blue
Wurde von Kindesbeinen an „Blue“ genannt. Verdankt den Spitznamen seiner Schwester, die entsetzt „Blue“ schrie, als sich der spätere Profi (von 1989 bis 1999 in der NBA) verschluckte und im Gesicht blau anlief.

LaPhonso Ellis – The Fonz
Mischung aus einer Kurzform des Vornamens LaPhonso und Anlehnung an die Hauptfigur der populären US-Sitcom „Happy Days“. Ellis (von 1992 bis 2003 in der NBA) schien vor allem zu Beginn seiner Profikarriere ebenso wie „The Fonz“ übernatürliche Fähigkeiten zu besitzen.

Julius Erving – Dr. J
Der 2,01 Meter große Flügelspieler war der herausragende Basketballer seiner Zeit (von 1976 bis 1987 in der NBA). Den Spitznamen verdiente er sich wegen seines perfekten und schnörkellosen Spiels schon in der Roosevelt High School in New York.

Eric Floyd – Sleepy
Die tiefen Augenlider und der dadurch müde wirkende Blick verpassten dem Aufbauspieler (von 1982 bis 1995 in der NBA) bereits zu Collegetagen an der Georgetown University den Spitznamen.

Steve Francis – Steve Franchise
Schon in seinem ersten Jahr avancierte der Aufbauspieler (seit 1999 in der NBA) zum Star in der Franchise der Houston Rockets, war für Fans und Medienvertreter in Anspielung auf seinen Nachnamen schnell „Steve Franchise“. Inzwischen gibt er auch Autogramme mit seinem Spitznamen.

Kevin Garnett – The Big Ticket
Nachdem der spindeldürre Forward (seit 1995 in der NBA) die bis zu seiner Verpflichtung notorisch erfolglosen Minnesota Timberwolves in die Erfolgsspur führte, schloss der Klub mit ihm einen Rekordver-

trag über annähernd 20 Millionen Dollar Jahreseinkommen ab. Garnett wurde für die Timberwolves dadurch zu einem entsprechend teuren Objekt (= „big ticket").

George Gervin – Iceman

Wegen seines unterkühlten Auftretens auf dem Feld wurde der Shooting Guard (von 1976 bis 1986 in der NBA) „Eismann" genannt. Gervin ließ sich durch nichts aus der Ruhe bringen.

Gail Goodrich – Stumpy

Verdankt seinen Spitznamen seinem einstigen Mannschaftskameraden bei den Los Angeles Lakers, Elgin Baylor: Für den war der nur 1,85 Meter große Spielmacher (von 1965 bis 1979 in der NBA) einfach nur „der Stumpen".

Richard Hamilton – Rip

Wie der Vater so der Sohn, dachte sich Hamilton senior und verpasste seinem Sprössling (seit 1999 in der NBA) den gleichen Spitznamen, wie er ihn hatte. Beide hatten als Babys die gleiche Angewohnheit und rissen (= to rip) sich die Windeln herunter.

Anfernee Hardaway – Penny

Von Kindesbeinen an wird der Spielmacher (seit 1993 in der NBA) nur „Penny" genannt. Verdankt den Spitznamen seiner Großmutter. Als diese ihren Enkel erstmals sah, sagte sie, das Baby sei hübsch wie ein Penny.

Tim Hardaway – Bug

Schon in seiner Jugend auf den Freiplätzen Chicagos bekam der mit 1,83 Meter relativ klein gewachsene Spielmacher (von 1989 bis 2003 in der NBA) den Künstlernamen „Käfer" verliehen. Später ließ er sich sogar einen solchen auf die Wade tätowieren.

Allen Iverson – The Answer, Me Myself and I

Der nur 1,85 Meter große Shooting Guard (seit 1996 in der NBA) hat auf dem Feld immer die passende Antwort parat. Sportartikel-Hersteller Reebok brachte sogar die Answer-Kollektion auf den Markt. „Me Myself And I" bezieht sich auf seine zumeist egoistische Spielweise. Iverson selbst sieht sich als den „besten Spieler der Welt".

Mark Jackson – Action Jackson

War in den neunziger Jahren einer der spektakulärsten Spielmacher und besten Passgeber der Liga (von 1987 bis 2004) und in Anspielung auf den von Carl Weathers verkörperten Leinwandhelden deshalb auch der „Action Jackson".

LeBron James – King James, The Chosen One

Weil er an seiner High School in Ohio als Jugendlicher sämtliche bestehenden Rekorde brach, wurde das Ausnahmetalent (seit 2003 in der NBA) in Anlehnung an den gleichnamigen englischen König „King James" genannt. Das US-Basketball-Magazin „Slam" bezeichnete ihn in einer Titelstory nach dem Fantasy-Streifen „Matrix" auch als „The Chosen One" (der Auserwählte).

Avery Johnson – Little General

Der Ex-Profi (von 1988 bis 2004 in der NBA) und heutige Dallas-Mavericks-Coach war schon als aktiver Spieler der verlängerte Arm des Trainers auf dem Feld und wegen seiner für die NBA geringen Körpergröße (1,80 Meter) der kleine General.

Earvin Johnson – Magic

Einer der besten und spektakulärsten Spieler aller Zeiten (von 1979 bis 1996 in der NBA). Der Spitzname (Zauberer) wurde ihm schon in der High School in Michigan von einem lokalen Sportreporter verpasst. Passend dazu: Seine Ära bei den Los Angeles Lakers in den achtziger Jahren ist als „Showtime" bekannt.

Larry Johnson – Grandma

Weil sich der Flügelspieler (von 1991 bis 2000 in der NBA) für einen Werbespot seines Ausrüsters Converse einmal als alte Dame verkleidete, brauchte er für den Spott nicht mehr zu sorgen: Für seine Mitspieler war er danach nur noch die „Großmutter".

Vinnie Johnson – Microwave

Danny Ainge verpasste seinem Mitspieler (von 1979 bis 1992 in der NBA) den Kosenamen „Mikrowelle" einst in Boston, weil der Playmaker die meiste Zeit des Spiels darauf bedacht war, seine Mitspieler in Szene zu setzen, dann aber auf einmal wenige Punkte innerhalb kürzester Zeit erzielen konnte.

Ronald Jones – Popeye

Von Kindesbeinen an war der Center (von 1993 bis 2004 in der NBA) nur der „Popeye". Hintergrund: Sein älterer Bruder David schaute gerade die gleichnamige Cartoon-Serie, als seine Mutter mit dem Neugeborenen aus dem Krankenhaus nach Hause zurückkehrte.

Michael Jordan – Air Jordan, His Airness

Schon lange bevor er den Status eines Superstars erreichte (von 1984 bis 2003 in der NBA), hatte er wegen seiner spektakulären Flugeinlagen den Spitznamen „Air Jordan" weg: Für seinen Ausrüster Nike war der Name ein gefundenes Fressen: „Air-Jordan"-Schuhe wurden zum weltweiten Verkaufsschlager. Später auch ehrfurchtsvoll „His Airness" (seine Luft-Hoheit) genannt.

Shawn Kemp – Reignman

Der Herrscher – der Bereich unter den Körben war das Reich des einst sprunggewaltigen Forwards (zwischen 1989 und 2001 in der NBA).

Toni Kukoc – The Croatian Sensation

Bezug nehmend auf seine Herkunft und seine dünnen Arme und Beine nahmen Mitspieler den kroatischen Flügelspieler (seit 1993 in der NBA) anfangs als „The Spider from Split" (die Spinne von Split) und „Pink Panther" auf die Schippe. Besser waren später der sich reimende Beiname „The Croatian Sensation" (die kroatische Sensation) oder, wegen Kukocs Qualitäten als Passgeber, „The Waiter" (der Kellner).

Lafayette Lever – Fat

Der wohl unpassendste Spitzname, denn der Spielmacher (von 1982 bis 1994 in der NBA) war keinesfalls übergewichtig. Vielmehr stammt sein Spitzname aus seiner Kindheit, weil sein Bruder die Aussprache seines richtigen Vornamens als zu schwierig empfand.

Dan Majerle – Thunder Dan

Bevor sich der Flügelspieler zu einem Distanzwerfer und Abwehrspezialisten entwickelte, war er zu Beginn seiner NBA-Karriere (von 1988 bis 2002) vor allem für sein Tempospiel und seine krachenden Dunkings bekannt und deshalb der „Blitz Dan".

Karl Malone – The Mailman

Der „Postbote", weil er die Punkte über seine gesamte Karriere hinweg zuverlässig zustellte. Der langjährige Utah-Jazz-Star (von 1985 bis 2004) ist der zweitbeste Korbschütze der Liga Geschichte.

Pete Maravich – Pistol Pete

Maravich (von 1970 bis 1980 in der NBA) war ein vorzüglicher Offensivspieler und 1977 der letzte Weiße, der Topscorer wurde. Seinen Spitznamen, den er seinen Qualitäten als Distanzwerfer verdankt, ließ er sich sogar anstelle des Nachnamens auf den Trikotrücken drucken.

Stephon Marbury – Starbury, Coney Islands Finest

Der aus dem New Yorker Stadtteil Coney Island stammende Spielmacher (seit 1996 in der NBA) war in seiner Jugend eine Freiplatzlegende im Big Apple. Schon damals erwarb er sich die Künstlernamen „Coney Islands Bester" und „Starbury".

Shawn Marion – The Matrix
Ex-NBA-Champion und TV-Experte Kenny Smith entwarf den Spitznamen, weil der Flügelspieler (seit 1999 in der NBA) auf dem Basketball-Feld ebenso wie Leinwandheld Neo im Fantasy-Streifen „Matrix“ alles kann.

Vernon Maxwell – Mad Max
Man könnte denken, der Spitzname entstand wegen Maxwells (von 1988 bis 2001 in der NBA) zahlreicher Verfehlungen und Disziplinlosigkeiten auf und außerhalb des Spielfeldes (er prügelte sich einmal mit einem Zuschauer). Tatsächlich entwarfen ihn jedoch TV-Reporter wegen seiner Drei-Punkte-Würfe aus manchmal unmöglichen Positionen.

Kevin McHale – Herman Munster, The Black Hole
Auch der legendäre Center der Boston Celtics (von 1980 bis 1993 in der NBA) hatte zwei Spitznamen. In Minnesota wurde er von Mitspielern wegen seiner Ähnlichkeit zu der Figur aus der US-Sitcom „The Munsters“ als „Herman Munster“ veralbert. Später in der NBA bezeichnete ihn sein Mitspieler Danny Ainge als „schwarzes Loch“, weil McHale den Ball nur selten zurückspielte, wenn er angepasst wurde.

Oliver Miller – Pig
Wegen seines alles andere als austrainierten Körpers (143 Kilo bei 2,06 Metern) wurde der Centerspieler (von 1992 bis 2004 in der NBA) von Fans und Medienvertretern „Vielfraß“ getauft.

Darko Milicic – The Human Victory Cigar
Der Serbe (seit 2003 in der NBA) kam in der Meistersaison der Detroit Pistons 2003/04 immer nur dann zum Einsatz, wenn das Spiel schon gewonnen und nichts mehr schief gehen konnte. Deshalb war er für Fans und Mitspieler „die menschliche Siegeszigarre“.

Yao Ming – Jackie Chan, Chinese Wall
Noch vor dem ersten NBA-Spiel des 2,26-Meter-Hüne aus Schanghai (seit 2002 in der NBA) schrieb sein Arbeitgeber Houston Rockets einen Fanwettbewerb für einen fetzigen Spitznamen aus. Die Wahl fiel auf Chinese Wall (chinesische Mauer). Hin und wieder wird Ming auch nach dem Leinwand-Helden Jackie Chan genannt.

Bill Mlkvy – The Owl Without A Vowl
Der Flügelspieler mit dem unaussprechlichen Nachnamen war die „Eule ohne Vokal“, weil er vor seinem NBA-Gastspiel (Saison 1952/53) an der Temple University spielte, deren Team „Owls“ (Eulen) genannt wird.

Calvin Murphy – The Pocket Rocket
Der Spielmacher stand seine gesamte NBA-Karriere (1970 bis 1983) bei den Houston Rockets unter Vertrag und war wegen seiner geringen Körpergröße von 1,75 Meter die „Taschenrakete“.

Martyn Norris – Moochie
Norris' Großvater war ein großer Fan des amerikanischen Jazz-Sängers Cab Calloway. Seinem Enkel (seit 1996 in der NBA) verpasste er den Kosenamen nach dessen Song „Minnie the Moocher“.

Hakeem Olajuwon – The Dream
Der gebürtige Nigerianer (von 1984 bis 2002 in der NBA) und zweifache NBA-Champion mit den Houston Rockets bekam von TV-Reportern den Spitznamen „The Dream“ verpasst, weil er sich trotz seiner Größe von 2,10 Metern ausgesprochen geschmeidig bewegte und sich dieser zudem auf seinen Vornamen reimte.

Shaquille O'Neal – Shaq-Attack
Der Spitzname stammt aus O'Neals erster NBA-Saison 1992 in Orlando, als er mit wuchtigen Dunkings mehrere Korbanlagen zerstörte. Nach seinem Ausflug in die Musikszene wurde er nach seinem ersten Album eine Zeit lang auch „Shaq Diesel“ genannt. Der 2,16-Meter-Ko-

loss nennt sich selbst am liebsten „Big Aristotle“ – nach dem griechischen Philosophen – oder, ebenfalls wenig bescheiden, „MDE“ (Most Dominant Ever).

Robert Parish – The Chief
Der NBA-Veteran (von 1980 bis 1997) und Rekordspieler (1611 Einsätze) erhielt den Spitznamen von seinem Mitspieler Cedric Maxwell, den Parish stoische Ruhe an den Indianer Chief Bromden aus dem US-Kultfilm „Einer flog übers Kuckucksnest“ erinnerte.

Gary Payton – The Glove
Wegen seiner guten Verteidigungsarbeit wird der Aufbauspieler (seit 1990 in der NBA) ehrfurchtsvoll „der Handschuh“ genannt.

Chuck Person – Rifleman
Nicht nur wegen seiner Qualitäten als Distanzwerfer war Person (von 1986 bis 2000) der „Gewehrschütze“, sondern auch wegen seiner Namensgleichheit zu Chuck Connors, dem Hauptdarsteller der US-Serie „The Rifleman“.

Paul Pierce – The Truth
Der Celtics-Star (seit 1999 in der NBA) verdankt seinen Spitznamen NBA-Kollege Shaquille O'Neal. Nach einem Spiel gegen Boston wurde dieser einst von einem TV-Reporter gefragt, was er denn von Pierce halte. O'Neals anerkennende Antwort: „Paul Pierce is the fucking Truth“. Aus Jugendschutzgründen blieb nur das letzte Wort bestehen.

Bryant Reeves – Big Country
Der ehemalige Hoffnungsträger der Vancouver Grizzlies (von 1995 bis 2001 in der NBA) erhielt seinen Spitznamen wegen seiner Größe von 2,13 Metern und seiner Herkunft aus dem Hundert-Seelen-Dorf Gans in Oklahoma.

Jerome Richardson – Pooh

Auch der klein gewachsene Aufbauspieler (von 1989 bis 1999 in der NBA) erhielt seinen Spitznamen schon zu Kindheitstagen. Um ihn vom gleichnamigen Jazz-Musiker abzugrenzen, nannten ihn Freunde nach seiner Lieblings-Romanfigur, dem Bären Winnie Pooh.

Glenn Rivers – Doc

Der legendäre Aufbauspieler (von 1983 bis 1996 in der NBA) und heutige Headcoach bekam den Spitznamen einst am College in Marquette verpasst, als er zum Training im Trikot seines Vorbilds „Dr. J" Julius Erving erschien.

David Robinson – Admiral

Der Star-Center besuchte vor seiner NBA-Karriere (zwischen 1989 und 2003) eine Marine-Ausbildung am College der Navy-Akademie, wegen der er auch erst mit zweijähriger Verspätung die Profilaufbahn einschlug.

Glenn Robinson – Big Dog

Der ehemalige Nummer-eins-Draft-Pick war einst der überragende Collegespieler und legte an der Perdue University einige herausragende Spiele mit hohen Punktzahlen aufs Parkett (daher der Name „Big Dog"). In der NBA (von 1994 bis 2005) konnte er diese Leistungen nicht mehr wiederholen.

Dennis Rodman – The Worm

Der 2,03 Meter große Forward (zwischen 1986 und 2000 in der NBA) war über Jahre hinweg bester Rebounder der Liga. Der Spitzname entstand durch die merkwürdigen Bewegungen, mit denen sich Rodman beim Kampf um den Rebound die beste Ausgangsposition gegen die zumeist einen Kopf größeren Gegenspieler sicherte.

Wayne Rollins – Tree
Der Center war einer der besten Schussblocker in der NBA-Geschichte. Fans, Medienvertreter und Spieler verglichen Rollins (von 1978 bis 1995 in der NBA) deshalb mit einem Baum.

John Salley – Spider
Nicht etwa, dass Salleys Arme und Beine dünn wie die einer Spinne gewesen wären, im Gegenteil. Der Center (von 1986 bis 2000 in der NBA) erhielt den Spitznamen, weil er sich in der Verteidigung nicht abschütteln ließ und wie eine Spinne an seinem Gegenspieler hing.

Detlef Schrempf – Det The Threat
Am College in Washington wurde der Leverkusener wegen seiner blassen Hautfarbe noch als „Dead Shrimp" (tote Krabbe) veralbert. Nachdem er sich in der NBA (von 1985 bis 2001) immer mehr Respekt verschaffte, wurde er als Reim auf seinen Vornamen „Detlef, die Bedrohung" oder auf Grund seiner Abstammung anerkennend der „große Teutone" genannt.

Rik Smits – Flying Dutchman
Der holländische Centerspieler, der seine gesamte Profi-Karriere bei den Indiana Pacers verbrachte (von 1988 bis 2000), war einer der ersten Europäer, die in der NBA reüssierten. Von den Medien wurde er in Anlehnung an die gleichnamige Wagner-Oper ehrfurchtsvoll „der fliegende Holländer" genannt.

Amare Stoudemire – Stat
Stoudemire (seit 2002 in der NBA) gilt als einer der athletischsten Spieler der Liga. Wegen seiner Vorliebe, gegnerische Würfe zu blocken und am besten jeden Angriff mit einem Dunking abzuschließen, wurde ihm der Spitzname STAT (Kürzel von Standing Tall and Talented = aufrecht stehend und talentiert) verpasst.

Damon Stoudamire – Mighty Mouse

Mit nur 1,78 Metern ist der wieselflinke Aufbauspieler (seit 1996 in der NBA) einer der kleinsten Spieler der Liga-Geschichte. Schon am College in Arizona wurde er „Mighty Mouse" (mächtige Maus) genannt und ließ sich sogar eine Maus auf die Schulter tätowieren. Mittlerweile kam ein zweites derartiges Tattoo dazu.

Andrew Toney – The Boston Strangler

Der Spielmacher der Philadelphia 76ers (von 1980 bis 1988 in der NBA) lief immer wieder gegen die Boston Celtics zu Höchstform auf und war deshalb der „Würger von Boston".

Robert Traylor – The Tractor

Der bullige Körper (129 Kilogramm verteilt auf 2,03 Meter) und die kompromisslose Spielweise des Centerspielers (zwischen 1999 und 2005 in der NBA), den die Dallas Mavericks einst für Dirk Nowitzki eintauschten, erklären den Spitznamen.

Ben Wallace – Big Ben

Auf Grund seiner einschüchternden Körpersprache und in Anspielung auf seinen Vornamen wird der 2,06 Meter große Verteidigungsspezialist (seit 1996 in der NBA) „Big Ben" genannt. Sein Ex-Klub Detroit Pistons ließ bei der Spielervorstellung und erfolgreichen Aktionen von Wallace das markante Läuten des gleichnamigen Londoner Kirchturmes einspielen.

Anthony Webb – Spud

Mit nur 1,68 Metern war Webb (von 1985 bis 1998 in der NBA) einer der kleinsten Spieler der NBA-Geschichte und der mit Abstand Kleinste, der jemals den Slam-Dunk-Contest gewann. Wegen seiner außergewöhnlichen Sprungkraft wurde er am College zunächst „Sputnik" und später in Kurzform „Spud" genannt.

Gawen Wells – Bonzi
Verdankt den Spitznamen seiner Mutter, die am liebsten Schokoladenbonbons der Marke „Bonzi" naschte und ihren Sohn (seit 1999 in der NBA) dementsprechend nannte.

Jerry West – Mister Clutch
Der ehemalige Lakers-Star (von 1960 bis 1974 in der NBA), dessen Silhouette das NBA-Logo nachempfunden ist, hatte eine Vorliebe für entscheidende und wichtige Würfe in engen Spielphasen (Clutch). Von seinem Mitspieler Elgin Baylor wurde West in Anspielung auf seinen Heimatort auch „Zeke from Cabin Creek" genannt.

Dominique Wilkins – The Human Highlight Film
Lange vor Michael Jordan und Vince Carter verzauberte der Flügelspieler (zwischen 1982 und 1999 in der NBA) die Fans mit seiner Athletik und krachenden Dunkings.

Jason Williams – White Chocolate
Die Spielweise des weißen Aufbauspielers (seit 1998 in der NBA) mit der Vorliebe für Pässe hinter dem Rücken ähnelt der von afro-amerikanischen Streetballern, die als Chocolates bezeichnet werden.

John Williams – Hot Rod
Als „Hot Rod" werden im Englischen getunte Oldtimer bezeichnet. Williams (von 1986 bis 1995) bekam den Spitznamen schon in Kindheitstagen verpasst, weil er in der elterlichen Wohnung durch die Zimmer flitzte und Motorengeräusche imitierte.

So toll wie Lloyd B. Free (von 1975 bis 1988 in der NBA) trieb es dann aber doch kein anderer. Die Streetball-Legende aus Brooklyn wurde wegen seines außergewöhnlichen Umgangs mit dem Ball schon in seiner Jugend „World" genannt. 1980 ließ er seinen Vornamen offiziell in World ändern, woraus sich das Wortspiel „World be free" ergab.

Manchmal wurden Spitznamen auch im Doppelpack vergeben. Etwa für Hakeem Olajuwon (2,10 Meter) und Ralph Sampson (2,21 Meter), die zwischen 1984 und 1988 ein eindrucksvolles Center-Duo bei den Houston Rockets bildeten und deshalb ehrfurchtsvoll als „Twin Towers" (Zwillingstürme) tituliert wurden. Der Spitzname wurde später noch einmal für Tim Duncan (2,11 Meter) und David Robinson (2,16 Meter), zwischen 1997 und 2003 gemeinsam für die San Antonio Spurs aktiv, bemüht. John Stockton und Karl Malone, von 1985 bis 2003 kongeniales Duo in Diensten der Utah Jazz, wurden wegen ihres blinden Spielverständnisses als Kombination ihrer Nachnamen „Stock-alone" genannt. Oder im Dreierpack: Tim Hardaway, Chris Mullin und Mitch Richmond, das legendäre Backcourt-Trio der Golden State Warriors Anfang der neunziger Jahre, wurden wegen ihres ligaweit gefürchteten Tempospiels in Anlehnung an die gleichnamige Rag-Band als „Run TMC" bezeichnet.

Die Detroit Pistons und Cleveland Cavaliers erwarben sich einst sogar als ganze Mannschaft einen Spitznamen: Wegen ihrer harten Abwehrarbeit und ihres Benehmens auf dem Feld wurden die Pistons nur noch „Bad Boys" genannt. Das Negativ-Image konnte sie nicht davon abhalten, 1989 und 1990 die Meisterschaft zu gewinnen. Weniger erfolgreich waren die Cavaliers in ihrer NBA-Debütsaison 1969/70 mit nur 15 Siegen in 82 Spielen und wurden deshalb als „Cleveland Cadavers" verspottet.

Gazza
gebunden, 400 Seiten
ISBN 3-936261-41-5
„Empfehlung des Monats“ 11 Freunde
„Das offenste und ehrlichste Buch eines Sportlers, das es je gab“ BamS
Sportbuch des Jahres in England

Hornby
gebunden, 256 Seiten
ISBN 3-936261-50-4
„Wahre Liebesbeweise“ PRINZ

Sachnin
gebunden, 512 Seiten
ISBN 3-936261-42-3
„Ein kleines Wunder, eine Brücke zum Frieden“ 11 Freunde
„Schon jetzt das Fußballbuch des Jahres 2006!“ Meer dan Voetball, Niederlande

Merk
gebunden, 256 Seiten
ISBN 3-936261-38-5
„Es gelingt den Autoren, durch reportageartige Versatzstücke eine prickelnde Live-Atmosphäre zu erzeugen“ Die Rheinpfalz
„Detaillreich“ Der Tagesspiegel

www.bombus-verlag.de